협상의 신

어떻게 원하는 방향으로
상대를 움직일 것인가

협상의 신

최철규 지음

한국경제신문

내 골프에 희망은 없다

아래의 세 가지 질문에 답해보자. 정답을 쉽게 맞힌다면, 굳이 이 책을 읽을 필요가 없다.

하나, 협상에서 말의 내용이 중요한가? 상대와의 관계가 중요한가?

둘, 협상 경험이 중요한가? 협상 이슈에 대한 지식이 중요한가?

셋, 북한은 협상을 잘하는가? 못하는가?

(적어도 30초간 진지하게 생각해보라!)

협상학에서 말하는 답은 다음과 같다.

하나, 실전 협상에선 관계가 말의 내용에 우선한다. 내가 상대에 대해 좋은 감정을 갖고 있고, 상대가 믿을 만한 사람이라는 인식이 있다면, 그의 제안을 받아들일 가능성이 훨씬 높아진다. 단순하게 설명하면 이런 거다. 딸과의 협상에서 아빠는 한없이 너그럽고 딸의 요구를 받아들인다. (특히 딸이 막내라면 이 가능성은 급격히 높아진다.) 반면 아들과의 협상에서 나를 포함한 다수의 아빠는 엄격하고 터프한 협상가가 된다. (물론 나만 그럴 수도 있다.) 상대 말의 내용이 중요한 게 아니다. 내가 평상시에 상대에 대해 어떤 애틋함과 호감을 갖고 있느냐에 따라 나의 수용성은 달라진다. 이에 대해 와튼스쿨의 스튜어트 다이아몬드 교수는 "감정을 중시할 때, 논리에 집중했을 때보다 네 배 정도 더 많은 이익을 얻게 된다"고 주장한다.

하지만 불행히도 나는 실전 협상에서 상대와의 관계나 감정에 신경 쓰는 협상가를 많이 보지 못했다. '어떻게 내 의견을 관철시킬까' 라는 목표에 집착하여 과도한 논리싸움에 매달리는 협상가가 더 많은 게 현실이다.

둘, 협상 경험은 중요하지 않다. 협상 이슈에 대한 지식이 훨씬 더 중요하다. 미국의 직함에는 네고시에이터 negotiator, 즉 전문 협상가가 있다. 하버드대학교에서 이들에게 물었다. '훌륭한 협상가가 되기 위해 가장 필요한 게 뭐냐'고. 압도적 1위는 '준비 기법'이었다. 한 마디로 협상을 준비하는 원리와 자신만의 준비 도구tool를 갖고 있는 게 가장 중요하다는 얘기다. 2위를 차지한 게 바로 '협상 이슈에 대한 지식'이었다. 우리가 중고차를 매매하러 가서 중고차 딜러들에게 판판이 깨지는 이유가 이거다. 20년간 차를 매매해온 그분들이 차에 대해 뭐라 뭐라(일반인들은 알아듣기 힘든 전문용어를 써가며) 얘기하는 순간, 우리는 순한 양이 된다. 지식에서 밀리면 좋은 협상 결과를 기대하기 어렵다.

더 중요한 얘기는 지금부터 시작된다. 이번엔 반대로 질문했다. '좋은 협상가가 되기 위해 가장 필요 없는 게 뭐냐'고. 놀랍게도 답은 '협상 경험'이었다. 잘못된 습관과 방법론으로 20년, 30년을 협상해봤자 좋은 협상가에서 더 멀어진다는 얘기다. 그래서 나는 협상과 골프는 비슷하다고 생각한다. 골프에 입문한 후 싱글이 되고 안되고는 얼마 만에 결정날까? 6개월이다. 골프 입문 후 초창기에 좋은 선생님 밑에서 스윙의 원리를 제대로 배운 사람은 필드에 자주 나가면 언젠가는 싱글이 될 수 있다. 하지만 입문 초기에 레슨을 건너뛴 사람은 10년을 필드에 나가도 90~100개 언저리에서 플레이한다. 내가 그렇다. 올해로 골프에 입문한 지 14년이 지났지만 내 골프에 희망은 없다!

실전 협상도 그렇다. 대기업에 근무하며 갑의 입장에서 수십 년간 협상한 사람들을 보면 안타까움을 느낄 때가 많다. 그들은 그리 뛰어난 협상가가 아님에도 스스로 협상 능력이 뛰어나다고 착각하며 살 때가 많다. 왜일까? 회사 덕분이다. 남들보다 우월적 지위에서 협상해 왔기 때문에 그동안 자신의 말이 잘 먹혔던 것이다. 그런데 만약 그들이 회사를 떠난다면? 기존 갑의 위치에서 쓰던 윽박지르기나 협박만으로는 좋은 결과를 얻어 내기 어렵다.

그래서 실전 협상에선 나쁜 습관이 오랫동안 몸에 밴 협상가보다는, 협상의 원리를 알고 협상 이슈에 대한 지식이 있는 협상가가 더 좋은 결과를 만들어낸다.

셋, 북한은 협상을 못한다. 북한은 항상 이기는 협상을 한다. 나는 북한이 협상을 해서 졌다는 얘기를 한 번도 들어본 적이 없다. 하지만 이기면 이길수록 어떤가?

인민들은 더 가난해지고, 국가는 고립되고, 김정은의 권력도 오래 유지되기 힘들 것이다.

이기는 협상은 하수의 협상이다. 진짜 고수는 성공하는 협상을 한다. 성공하는 협상이 뭔지는 앞으로 이 책에서 계속 다룰 주요한 화두다.

이 책이 세상에 나온 이유는 다음과 같다.

협상에 대한 오해를 풀고 싶었다. 아직도 사람들은 협상 테이블에서 '무슨 말을 할까'에만 집중한다. 중요한 것은 감정이고, 관계다. 그리고 경험보다 더 중요한 게 협상 원리를 아는 것이다. 이기는 협상보다 더 중요한 게 성공하는 협상이다.

2013년 8월부터 2014년 12월까지 SERICEO에서 '협상의 신'이라는 주제로 17개월간 협상 강의를 했다. 이 온라인 강의는 17개월 중 12개월을 비즈니스 부분 강의 평가 1위를 차지할 정도로 반응이 좋았다. 너무도 감사한 일이다. 좋은 강의를 SERICEO 회원들만 듣지 말고, 많은 사람들이 책으로 읽을 수 있도록 하자는 제의가 5~6개 출판사에서 왔다. 결국 한경 BP의 협상력을 인정, 계약서에 사인하고 있는 나를 발견했다. 이 책에선 SERICEO의 강의 내용을 최대한 가감 없이, 마치 강의를 듣는 느낌이 들도록 옮겼다.

나는 HSG휴먼솔루션그룹이라는 기업교육 컨설팅회사를 경영하고 있는 CEO다. 동시에 지난 12년간 기업체의 리더들을 대상으로 강의를 해왔다. 내가 항상 주장하는 것은 '세상에 재미없지만 좋은 강의는 없다'는 것이다. 책도 마찬가지다. '읽기 어려우면서 좋은 책은 없다'는 게 내 생각이다. 그래서 이 책은 쉽다. 협상의 기초 입문서로서 적합하다.

지난번 출간한 협상책(《협상은 감정이다》)의 서문에 아들 인우의 이름만 썼다가 4년째 아내와 딸의 구박을 받고 있다. 아름답고 지혜로운 아내 안수정과 나의 친구 같은 아들 최인우, 나의 천사 딸 최지안에게 사랑의 마음을 전한다. 이제 동료를 뛰어넘어 동지가 된 김한솔 수석을 비롯한 HSG 식구들에게도 감사의 마음을 덧붙인다.

최철규

이기는 협상 vs. 성공한 협상,
어떤 협상을 원하는가?

아인슈타인은 왜 프린스턴대학교를 떠나지 못했나?

'성공한 협상'이란 뭘까? 여기 두 가지 협상 사례가 있다. 아래의 협상은 성공일까, 실패일까?

장면 하나. 1930년대 초 얘기다.

미국의 한 연구기관 원장과 유럽에서 활동 중인 학자가 만난다. 원장은 학자를 자신의 기관으로 스카우트하려 한다. 직장을 옮길 때 중요한 건 예나 지금이나 역시 연봉!

원장이 먼저 묻는다.

"연봉은 얼마 드리면 될까요?"

학자가 말한다.

"한 3,000달러면 괜찮을 것 같습니다."

잠시 고민하던 원장이 제안한다.

"1만 달러 드리겠습니다!"

학자는 깜짝 놀란다.

장면 둘. 1860년대에 있었던 일이다.

승자와 패자가 만난다. 종전 협상을 위해서다.

패장이 입을 연다.

"요구 조건이 뭡니까?"

패장의 머릿속은 복잡하다. 전쟁 포로, 전쟁 배상금, 전범 처리 이런 단어들이 그득하다. 이때 승자가 답한다.

"단 하나입니다. 모두 고향으로 돌아가시오. 먼 길이니 타던 말도 그냥 가져가시오. 귀향하는 데 필요한 식량은 우리가 어떻게든 준비해보겠소."

패장의 눈시울이 붉어진다.

어떤가? 3,000달러를 요구한 학자에게 1만 달러를 주겠다는 원장, 패장에게 말도 식량도 다 제공할 테니 무사히 고향으로 돌아가라고 하는 장군. 이들은 형편없는 협상가일까? 내 생각에 이들은 '최고의 협상'을 했다. 왜일까?

앞의 사례를 되짚어보자. 연봉 3,000달러를 요구한 학자는 바로 아인슈타인이다. 연구만 하다 보니 세상 물정에 어둡던 그는 미국에서 A급 교수의 평균 몸값이 7,000달러라는 사실을 몰랐다. (당시엔 불행히도 네이버나 구글이 없었다!) 그래서 그냥 자신이 유럽에서 받던 연봉 수준으로 3,000달러를 요구했다.

이에 대해 프린스턴 고등연구소의 플렉스너 원장은 당시로썬 파격적인 1만 달러를 주겠다고 답했다. 어차피 시간이 지나면 아인슈타인은 자신의 객관적 몸값을 알게 된다. '1년간 몇천 달러 아끼느니 이 천재의 마음을 얻는 것이 더 낫다'는 게 플렉스너의 판단이었던 셈이다.

이후 아인슈타인은 프린스턴에서 기념비적인 연구성과를 만들어낸다. 그러자 하버드, 예일 등 유수의 대학에서 아인슈타인을 '모시고' 싶어 안달이 난다. 1만 달러와는 비교도 할 수 없는 파격적인 조건을 제시한다. 결과는 어땠을까? 모두가 예상하듯, 아인슈타인은 평생 프린스턴을 위해 봉직한다. 왜일까? 자신도 몰랐던 자신의 가치를 인정해준 프린스턴대학교에 무조건적인 신뢰가 있었기 때문이다.

두 번째 사례는 1865년 남북전쟁 종전 협상 장면이다. 북군 총사령관인 율리시스 그랜트 장군은 승자로서 남군 총사령관인 로버트 리 장군에게 '허무할' 정도로 관대한 요구사항을 제시한다. 막대한 전쟁 배상금, 관련자 처벌 등과 같은 까다로운 요구를 했더라도 패장은 거절할 수 없었을 것이다.

어쨌든, 협상이 '허무하게' 타결되고 리 장군이 항복 문서에 서명했다는 소식이 알려지자 북군 진영에서는 큰 잔치가 벌어진다. 병사들은 연병장에 모여 함성을 지르고, 포병들은 대포를 쏜다. 이 광경을 본 그랜트는 불같이 화를 내며 단호히 명령한다.

"적에게 승리했을 때 하는 어떤 승전 행사도 당장 중단하라. 남군은 지금 이 순간부터 우리의 적이 아니다. 그들은 우리의 형제다."

왜 그랬을까? 분명 그랜트도 인간인 이상, 남군을 철저히 응징하고 싶다는 마음이 있었을 것이다. 지난 5년간 그들 때문에 얼마나 많은 부하가 목숨을 잃었는가. 하지만 그는 '국가적 통합'이 '패자에 대한 복수'보다 더 큰 가치라고 생각했다. 만약 그랜트를 포함한 북군의 리더들이 '통합'보다 '응징'이 더 중요한 가치라고 판단했다면 어땠을까? '피의 복수'가 이어졌을 것이다. 그리고 아마도 오늘날 미국은 북부 USA, 남부 USA로 찢겨 망국적인 지역감정 싸움을 벌이고 있을지도 모른다.

대기업 임원들을 상대로 협상 강의를 진행하다 보면 스스로 뛰어난 협상가라 생각하는 사람들이 가끔 있다. 특히 구매담당 임원들이 그렇다. 왜일까? 답은 대개 비슷하다. 상대의 요구를 최소로 받아들이고 내 요구를 최대한 관철했다는 게 그들의 '무용담'이다. 한마디로 적게 주고 많이 받아냈다는 얘기다. (이때 물론 그들은 갑이라는 우월적 지위를 이용한다.) 협상학적 관점에서 봤을 때 이런 식으로 상대를 '쥐어짜는' 협상은 성공한 협상이 아니다. 그냥 '이긴' 협상일 뿐이다. 경제적 이익이라는 가치를 순간적으로 극대화했을진 몰라도 협력업체로부터 얻을 수 있는 '신뢰', 우리 기업에 대한 '평판'이라는 가치는 모두 내동댕이친 셈이다.

물론 찰나의 경제적 이익이 신뢰나 평판이라는 가치보다 더 소중하다고 생각한다면, 이런 협상도 나쁘지 않다. 하지만 생각해보자. 기업 간 거래라는 게 과연 한 번에 그치고 말 이벤트인지, 아니면 지속될 인연인지. 앞으로 계속 만나야 할 상대의 마음에 나에 대한 미움과 불신을 심는 것만큼 어리석은 짓은 없다.

성공한 협상이란 내 요구사항을 최대한 얻어내는 것이 아니다. 내가 중요하게 생각하는 가치values(가치관)를 충족시키는 협상이다. 또 이를 통해 더 큰 가치value(파이)를 만들어내는 협상이다. 플렉스너가 중시했던 '천재 과학자의 충성심', 그랜트 장군이 중요하게 생각했던 '국가 통합'이라는 가치를 충족시키는 게 진짜 협상이다. 이를 통해 그랜트는 그가 꿈꿨던 '위대한 미국', 플렉스너는 그가 소망했던 '세계 최고 싱크탱크'라는 더 큰 가치를 만들어낼 수 있었다.

혹시 중요한 협상을 앞두고 있는가? '무엇을 요구할

까' 부터 고민한다면 당신은 협상을 잘하는 사람이 아니다. '나에게, 그리고 상대에게 중요한 가치는 무엇이며 이를 어떻게 충족시킬까' 부터 고민해야 한다. 협상의 질은, 가치에 집중할 때 높아진다. '이기는 협상' 보다는 '성공한 협상' 이 고수의 협상이다.

2강

요구는 가짜다,
욕구가 진짜다

괴짜 물리학자 파인만 교수를 노벨상 시상대에 세우려면?

거칠게 말하면, 협상이란 사람의 마음을 움직이는 일이
다. 그렇다면 어떻게 해야 사람의 마음을 움직일 수 있
을까?

이를 위해선 협상학에 입문할 때 가장 먼저 배우는
두 가지 개념을 알아야 한다. 바로 포지션position과 니즈
needs다. 포지션은 우리말로 위치나 입장 정도로 번역되
는데, 협상학에서 포지션이란 '요구'를 말한다(우리는 협
상할 때 항상 요구한다). 그리고 니즈는 우리말로 번역하면
'욕구'다.

지금부터가 중요한 얘기다. 좋은 협상가는 요구와 욕구 중 어디에 초점을 맞출까? 답은 '욕구' 다.

간단한 예를 하나 보자. 당신이 슈퍼마켓 주인인데, 한 학생이 땀을 뻘뻘 흘리면서 들어와 외친다.

"아저씨, 콜라 하나 주세요. 콜라!"

이 친구의 포지션은 뭘까? 당연히 콜라다. 그렇다면 니즈는? 갈증 해소다. 그런데 슈퍼 주인인 당신이 불행히도 재고 관리에 실패하여, 하필 콜라가 딱 떨어졌다고 가정하자. 만약 당신이 포지션에 집중하는 협상가라면 이 친구한테 뭐라고 얘기할까?

"콜라 없다!"

이게 전부다. 만약 니즈에 집중한다면? 아마 이렇게 말할 것이다.

"학생, 요새 누가 목마를 때 콜라 먹나? 그거 많이 마시면 이 썩어. 갈증 해소엔 뭐니뭐니해도 시원한 생수지. 저쪽엔 이온음료도 있어."

한마디로 똑같은 상황에서도 어디에 포커스를 맞추느냐에 따라 협상 결과가 크게 달라진다.

예를 하나 더 들어보자. 커뮤니케이션 쪽에선 아주 유

명한 예다. 혹시 파인만 교수라고 들어봤는가? 그는 아인슈타인 이후 가장 천재적이라고 평가받는 물리학자다. 그런데 천재들은 대개 사람들 앞에 나서기 싫어하고 괴팍스러운 면이 있다. 파인만 교수도 얼마나 특이한지, 그의 기행만 따로 모아놓은 책이 있을 정도다.

1965년, 그가 노벨 물리학상 수상자로 선정됐다. 노벨상 재단에서 전화가 왔다.

"교수님, 정말 축하합니다. 상 받으러 오십시오."

그러자 파인만 교수가 말한다.

"됐어요. 상 받으려면 북유럽까지 오가느라 비행기를 열 시간이나 타야 하고, 일주일이란 시간을 써야 하는데…. 귀찮아요. 받지 않겠습니다."

재단 입장에선 얼마나 황당하겠는가? 그래서 이렇게 말한다.

"교수님, 죄송한데 노벨상 이거, 초등학교 우등상 아닙니다. 받으시면 국가의 영광입니다."

파인만이 반복해서 말한다.

"됐습니다. 귀찮아요."

그렇게 승강이를 벌이다 재단은 이런 말까지 한다.

"자꾸 이러시면 교수님 때문에 다른 미국 후보들한테 불이익이 갈 수도 있습니다."

이건 뭘까? 그렇다, 협박이다. 협상하다 안 되면 많은 이들이 협상의 사촌 동생, '협박이'를 데리고 나가서 문제를 해결하려 한다. 하지만 파인만 교수는 꿈쩍도 하지 않는다. 결국, 남자를 움직이는 건 여자다. 마침내 부인이 나선다. 당신이 파인만 교수의 부인이라면 어떻게 협상하겠는가?

부인은 이렇게 말한다.

"여보, 가기 싫으면 가지 마세요. 그런데 이걸 한번 생각해보세요. 이번에 당신이 상을 거부하면, 인류 역사를 통틀어 자발적으로 노벨상을 거부한 최초의 인물이 되는 거예요. 그렇다면 누가 당신에게 관심을 가질까요?"

그렇다. 답은 '기자들'이다. 파인만 교수는 지구촌 화제의 인물이 된다.

그리고 기자들은 '파인만, 그는 누구인가? 왜 노벨상을 거부했나? 파인만 노벨상 거부의 숨겨진 이유는?' 이런 이슈로 그를 인터뷰하려고 일주일이 아니라 한참을 쫓아다닐 것이다. 부인이 계속 말한다.

"당신 얼굴이 신문에 크게 실리고, 세상 모든 사람이 당신을 알아볼 텐데…, 괜찮겠어요?"

그 얘기를 듣고 파인만 교수는 결심한다.

"그래! 평생 유명인으로 사느니, 차라리 이번에 상 받으러 가는 게 낫겠다."

핵심은 이거다. 협상에 무능한 사람들은 이 상황에서 자꾸 이렇게 말한다.

"여보, 일주일이 힘들면 사흘만 갔다 와요. 아니면 이틀 정도 시간 내서 상만 받고 와도 되잖아요."

한마디로 일주일이라는 시간, 바로 포지션에 집중한다. 이 협상에서 파인만 교수의 니즈는 따로 있다. '귀찮은 게 싫은 것'이다. 협상이 뭔지 아는 사람은, 바로 '귀찮은 게 싫다'는 '니즈'를 공략한다. 포지션은 니즈의 심부름꾼, 즉 대리인에 불과하다. 포지션은 가짜다. 협상할 때 진짜 주인공은 바로 니즈다.

비즈니스 현장에서도 우리는 이런 경우를 자주 목격하게 된다. 물건을 납품해야 하는데 상대가 "당신네 회사와는 거래하지 않겠다"고 한다. 협상을 잘 알지 못하는 영업담당은 이 얘길 듣고 사색이 되어 본사로 돌아온다. 그러고는 상사한테 이렇게 보고한다.

"우리랑 거래 안 하겠답니다. 값을 깎아줘야 할 것 같아요⋯."

어떤가? 잘하고 있는 걸까? 아니다. 상대가 거래하지 않겠다는 것은 포지션이다. 그 밑에 어떤 니즈가 있을까? 물론 가격에 대한 니즈가 있을 수 있다. 하지만 이것만 있는 게 아니다. '안정적으로 물건을 공급받고 싶다'거나 '불량률이 낮은 제품을 받고 싶다'거나 '환율 리스크를 짊어지기 싫다'와 같은 다양한 니즈가 있을 수 있다. 협상을 아는 영업담당은 상대가 내 제안을 거절했을 때 그 이면에 있는 상대의 다양한 니즈를 발견하려고 노력한다. 그래서 좋은 영업담당일수록 더 많이 물어보고 귀 기울여 듣는다. 그래서 이런 말이 있다. '영업은 입으로 하는 게 아니라 귀로 하는 것이다.'

그래서 협상의 핵심은 이 문장 하나로 요약된다.

'상대의 행동을 바꾸려면, 상대의 니즈를 파악하라!'

결국 협상이란 상대의 니즈를 발견해내는 게임이다.

3강

협상 테이블에서
가장 애처로운 사람은?

'샐리-앤 실험' 부터 통과해야 한다.

건설회사에서 오신 분들과 협상 워크숍을 할 때가 자주 있다. 한번은 재개발 사업을 맡은 팀과 함께했는데, 강의 때 누군가 이런 불만을 털어놓았다.

"할머니, 할아버지들을 보면 정말 애처롭습니다. 재개발 동의서에 서명하고, 한 2년만 견디면 최소 1억 5,000만 원은 벌 수 있는데 아무리 설명을 해도 안 돼요. 엑셀 돌린 거 보여주고, 인터넷으로 아파트 시세 직접 보여줘도 이해를 못 하신다니까요. 정말 답답해요."

그런데 내가 봤을 때 정작 답답한 사람은 할머니, 할

아버지가 아니다. 그런 하소연을 하는 건설사 분이다.

건설사 직원들은 대부분 40대 초반 젊은 분들이다. 이들 입장에서 2년 고생하고 1억 5,000만 원을 버는 건 너무도 중요하다. 하지만 팔순 넘은 어르신들이라면 어떨까? 이분들을 직접 만나 왜 서명하지 않느냐 여쭤보면, 대부분 이렇게 답한다.

"나도 안다. 돈 되는 거. 하지만 이 집…, 우리 돌아간 영감하고 40년 넘게 산 집인데…. 집안 곳곳에 영감의 손때가 묻어 있다."

어떤 어르신은 이렇게 말한다.

"요 앞집 박씨 할머니, 나의 유일한 소주 메이트. 이렇게 헤어지면 언제 또 만나겠나. 나는 지하철도 탈 줄 모르는데…."

"늘그막에 갑자기 큰돈 생기면 자식들 싸움이나 나지, 뭐 좋을 게 있다고."

협상을 잘하는 사람과 못하는 사람의 차이는 뭘까? '관점 전환이 되느냐, 되지 않느냐'다. 이것을 심리학에선 '관점 획득perspective taking'이라 부른다. 이와 관련하여 심리학에서 위대한 3대 실험 중 하나로 불리는 '샐리-앤 실험'을 소개한다. 워낙 유명한 실험이라 많이들 들어봤을 것이다.

두 소녀가 있다. 한 아이는 샐리이고, 다른 아이는 앤이다. 두 아이가 인형을 가지고 놀고 있다. 그러다 샐리가 인형을 유모차에 넣어놓고 방을 나간다. 혼자 있던 앤이 잠시 후 유모차에서 인형을 꺼내 놀다가 옆에 있던 나무 상자 안에 놓는다. 그러고는 방을 나간다. 잠시 후 샐리가 다시 방으로 들어온다.

여기서 문제! 샐리는 인형을 찾기 위해 가장 먼저 어디를 찾을까?

이런 질문을 하면 초등학생 이상은 화를 낸다. 뻔한 질문을 왜 하느냐고. 답은 당연히 유모차다. (혹시 이 책을 읽으면서 속으로 나무 상자라 생각했다면… 심리상담이 필요하다!)

그런데 이 질문을 만 4세 이하의 아이에게 해보면, 대부분이 '나무 상자'라고 답한다. 아이들은 인형이 나무 상자로 옮겨졌다는 사실을 자신이 알고 있기 때문에, 샐리도 당연히 알 거라고 생각한다. 모든 것을 내 관점에서

만 보기 때문이다. 즉, 상대의 관점으로 보는 능력이 아직 형성되지 않았다는 뜻이다.

심리학자들에 따르면 인간은 만 4세가 지난 후부터 관점 전환 능력이 생긴다고 한다. 그런데 안타까운 것은, 이렇게 생긴 관점 전환 능력이 나이를 먹으면 먹을수록, 특히 성공에 대한 자신감과 추억이 많으면 많을수록 오히려 퇴행한다는 사실이다. 그래서 협상 테이블에서 가장 애처로운 사람이 자꾸 '내 얘기'를 하는 사람들이다. '내 사정이 어쩌고, 우리 회사 상황이 저쩌고, 그러니까 당신이 한 번만 봐줘야…'

어떤가? 협상 테이블에 마주 앉아 있는 상대는 내 얘기에 관심이 있을까? 하나도 없다. 그럼 내 얘기에 관심 있는 사람은 누굴까? 가족밖에 없다. (이렇게 말하면 어떤 사람들은 요즘엔 가족들도 내 얘기에 관심이 없다고 하는데, 이건 정말 슬픈 얘기다.) 협상이란 '내 얘기' 하는 자리가 아니다. 상대의 관점에서 상대가 관심 있어 하는 얘기를 하는 자리다.

그렇다면 어떻게 해야 상대의 관점에서 얘기할 수 있을까? 이를 도와주는 도구tool가 바로 '만달 아트 Mandal-art'

다. 협상 전문가들이 실전 협상에서 쓰는 툴이기도 하다.

활용법은 이렇다(그림 1 참조). 우선, 상대를 중앙에 놓는다. 그런 다음, 빙 둘러가며 다음의 사항을 채운다. 첫째 그 상대의 의사결정에 영향력을 미치는 사람, 둘째 그 사람의 가치, 셋째 당장 필요한 것 wants, 넷째 그 사람의 취미, 기호 등이다.

예를 들어보자. 기업에서 해외에 있는 S급 인재를 스카우트한다고 가정하자.

만달 아트 툴을 활용하여 첫째, 의사결정에 영향을 미치는 사람을 찾는다. 해외 거주자가 한국으로 올 때 그에

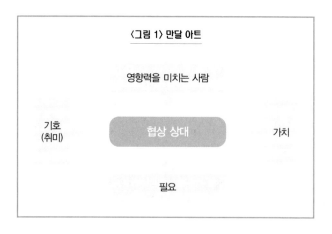

게 가장 큰 영향력을 미치는 사람은 누굴까? 기혼자라면 당연히 부인이다. 그런데 부인은 대부분 한국에 오기 싫다고 한다. 이때 어떻게 해야 할까? 한국에 계신 부모를 설득해야 한다. 누구 부모? 부인의 부모, 즉 장인과 장모다. "딸과 손주들 보고 싶지 않으세요? 한국에서 몇 년이라도 함께 살자고 얘기해주세요."

둘째는 그 사람이 중요하게 생각하는 가치다. 무슨 말을 할까? 외국의 인재를 끌어올 때는 의외로 애국심에 많이 호소한다. "언제까지 그 좋은 머리, 다른 나라를 위해 쓸 겁니까? 조국을 위해 쓰셔야죠." 마치 과거에 박정희 대통령이 핵물리학자인 이휘소 박사를 외국에서 모셔올 때와 같은 논리다.

셋째는 필요다. 필요로 하고, 걱정하는 부분을 채워줘야 한다. 해외에서 한국으로 들어올 때 당장 걱정되는 것은 뭘까? 집도 문제지만 더 중요한 것은 자녀 교육이다. 그러니 강조해야 한다. "한국에도 좋은 외국인 학교 많습니다. 아이를 너무 외국에서만 교육하는 것도 좋지 않아요. 이번 기회에 조국의 뿌리를 알게 하면 좋지 않겠습니까?"

마지막 넷째는 기호다. 상대가 자신의 취미는 산책과 골프이며 그런 의미에서 미국 생활이 매우 좋다고 말한다. 그럼 스카우트 담당자는 이렇게 대응해야 한다. "서울에도 그런 동네가 있습니다. 근처에 양재천이 흘러 산책하기 좋고, 명문 골프장을 50분 내에 다 갈 수 있습니다."

비즈니스 현장에 적용해보면 이렇다. 당신이 공장에 설비를 납품하는 회사의 영업담당 상무라고 가정하자. 고객사의 구매담당 임원도 만나고 공장장도 만날 것이다. 그런데 이들을 만났을 때 하는 말이 같아야 할까, 달라야 할까? 당연히 달라야 한다.

구매담당 임원을 만났을 때는 가격경쟁력과 품질경쟁력 중에 뭘 말해야 할까? 당연히 가격이다. 경쟁사에 비해 저렴하다는 점을 강조해야 한다. 공장장을 만났을 때는? 품질을 강조해야 한다. "우리 설비는 고장이 나지 않습니다. 혹시 고장 나더라도 A/S가 확실합니다. 아무 때나 전화하세요. 새벽 세 시도 좋습니다. 제 별명이 언제든 부르면 달려가는 '애니콜'입니다(약간 비굴하기는 하다)." 이런 식으로 말해야 한다.

그런데 협상 못하는 사람들은 반대로 한다. 공장장 만나서 싸다는 얘기하고, 임원 만나서 품질 좋다고 강조한다. 상대 관점에서 관심 없는 내용을 말하는 셈이다.

다시 한 번 정리하자. 협상에서 '내 얘기'는 금물이다. 상대 관점에서 상대의 니즈를 공략할 때 내가 원하는 것을 얻을 수 있다.

자신도 모르는 사이,
당신은 협상하고 있다!

인생의 8할은 협상, 허브 코헨의 말은 진실일까?

나는 협상 강의를 시작할 때 이런 질문을 자주 한다.

"혹시 최근 일주일간 협상을 한 번이라도 해보신 분 계십니까?"

이 질문에 '그렇다'고 답하는 사람의 비율은 20퍼센트가 채 되지 않는다. 이들에게 누구랑 협상했느냐고 물어보면 대부분 거래처 또는 직장 상사라고 말한다.

그런데 사실, 우리가 이 질문에 답하기 위해서는 먼저 명확히 해야 할 게 있다. 바로 '협상이란 무엇인가' 하는 거다. 협상을 어떻게 정의하느냐에 따라 손을 들 수도 있고 들지 않을 수도 있다는 얘기다.

이 책을 읽는 당신은 협상을 무엇이라 생각하는가? 누군가는 이렇게 말한다.

"협상이란 내가 원하는 것을 최대한 얻어내는 기술이다."

이를 우리는 협상 1.0이라 한다. 60여 년 전에 학자들이 이렇게 말했다. 그런데 협상을 이렇게 정의하다 보니 문제가 생긴다. 일단 내 것을 최대한 많이 얻어낼 때까지는 좋다. 하지만 다음에 또 만나자고 하면 협상 상대가 나를 슬슬 피한다. 혹시 다음 만남에 응하더라도 가슴에 독기(또는 도끼)를 품고 나타난다.

그래서 지금으로부터 30여 년 전에 하버드대학교의 피셔 교수와 유리 교수가 만나 협상을 재정의했다.

"협상이란 서로의 경제적 이익을 극대화하는 의사소통의 과정이다."

다시 말해 '당신도 먹고 나도 먹고', 즉 서로가 만족할 수 있도록 경제적 이익을 잘 나누는 게 중요하다는 의미다. 이를 협상 2.0이라 한다.

하지만 최근 들어 협상학자들의 생각이 또 바뀌었다.

그래서 요즘엔 이렇게 정의한다.

"협상이란 상대의 행동, 인식, 감정을 변화시켜 가치를 키우는 의사소통의 과정이다."

이것이 바로 협상 3.0이다. 어떤가? 현학적일뿐더러 너무 어렵진 않은가? 이를 쉽게 이해하기 위해 예를 들어보자.

당신은 영업담당 임원이다. 아주 중요한 클라이언트와 첫 미팅을 하게 됐다. 마침 그날이 그 회사의 캐주얼 데이라서 상대가 옷을 편하게 입고 왔는데, 유명한 등산복 브랜드의 티셔츠를 입고 나타났다. 그 모습을 본 당신은 대화를 이렇게 끌어간다.

당신 등산 좋아하세요?

상대 그럼요, 엄청나게 좋아해요.

당신 어느 산을 자주 타세요? 저는 북한산이 제일 좋더라고요.

상대 북한산요? 저도 정말 좋아하는데…. 혹시 비봉 타보셨어요?

당신 아, 저 지난주에 비봉 갔다가 죽을 뻔했어요. 그래도 풍광은 비봉이 최고죠.

상대 그렇죠? 저도 비봉 자주 갑니다.

(상대가 명함 지갑에서 명함을 꺼낼 때 보니, 가족사진이 있는데 세 명의 자녀가 눈에 띈다.)

당신 자녀분이 셋이세요? 정말 우연이네요, 저도 그렇거든요. 그 기사 보셨어요? 우리나라에서 애 하나 키우는 데 총 3억 4,000만 원이 든대요. 그러니까 우리는 적어도 10억은 벌어놔야 애들 키울 수 있다는 얘기지요. 우리 둘 다 회사 오래오래 다닙시다.

당신은 납품 단가, 물량, 지급 조건 같은 비즈니스의 '비' 자도 꺼내지 않고 한 시간 동안 이런 '쓸데없는' 소리만 하다가 헤어졌다. 그런데 미팅이 끝난 후 상대는 당신에 대해 이런 생각을 갖게 된다.

'저 친구, 사람 참 괜찮네. 나중에 기회 되면 북한산에서 막걸리라도 한잔 나누고 싶네.'

또는 이렇게도 생각할 수 있다.

'저 친구, 오늘 얘기 나눠보니 참 합리적인 사람이네.'

방금 당신은 협상을 했는가? 안 했는가? 협상 2.0 학자들은 하지 않았다고 말한다. 왜? 방금 당신과 상대는 경제적 이익에 대해서는 어떤 얘기도 나누지 않았기 때문이다. 반면 3.0 학자들은 했다고 말한다. 왜? '저 사람 참 괜찮네'라고, 상대가 당신에 대해 좋은 '감정'이 생겼기 때문이다. 또 '우리 거래처 저 양반, 사람 참 합리적이네'라고, 당신에 대한 '인식'이 바뀌었기 때문이다.

그래서 최근 들어 협상학자들은 특정 학문에 특별한 관심을 가진다. 바로 '심리학'이다. 2013년 한국에서 베스트셀러가 된 협상책, 다이아몬드 교수의 《어떻게 원하는 것을 얻는가》는 다음과 같은 일화로 시작한다.

어떤 여학생이 공항에 늦게 도착한다. 그 비행기를 반드시 타야 하는데 게이트는 닫혀 있다. 어떻게 해서든 타고 싶어 직원에게 부탁해도 안 된다는 대답만 돌아온다. 마침 이륙을 준비하고 있는 기장과 창문을 통해 눈이 마주친다. 이 여학생은 어떻게 기장의 마음을 움직여 기어이 비행기에 탔을까? 답은 다음과 같다.

'간절한 눈길로 기장을 바라보며 들고 있던 가방을 툭

떨어뜨린다. 그리고 간절한 눈빛으로 기장을 계속 바라본다.'

그러자 기장이 "잠깐 스톱! 저 여성분 태우고 가자"고 한다.

이렇게 해서 여학생은 비행기를 탈 수 있었다는 게 다이아몬드 교수의 책에 나오는 첫 번째 사례다. 나는 솔직히 이 예를 보는 순간, 황당했다. 터무니없다는 생각이 들었다. 하지만 요즘은 이런 얘기가 통하는 시대다. 그만큼 협상에서 감정이 중요하다는 뜻이다.

어떤 중소기업의 CEO가 직원들에게 연초에 이렇게 말한다.

"올해 목표 달성하면 전 직원을 해외여행 보내주겠습니다."

결국, 연말에 목표실적을 달성했다. 그런데 아무리 생각해봐도, 다 해외에 보내기는 무리다. 그래서 CEO는 말한다.

"해외는 무리니, 가지 맙시다."

당연히 직원들 불만이 커진다. 이때 CEO가 수정 제안을 한다.

"해외는 그렇고, 국내는 보내주겠습니다!"

이럴 때 직원들 반응은 어떨까?

"쳇, 됐습니다!"

인간에 대한 이해가 없는 CEO는 이런 반응을 접하고 이렇게 생각한다.

'아니, 국내 여행이라도 가는 게 어디야? 안 가는 것보다는 자기들한테 이득 아냐?'

그건 CEO의 오해다. 문제는 '이득이냐 아니냐'가 아니다. 감정이다. 직원들이 언제 해외여행 보내달라고 먼저 요구했던가? 아니다! CEO가 자기 기분에 준다고 했다(해외여행)가, 못 준다고 했다(아무 데도 보내주지 않겠다)가, 반만 준다(국내라도 보내주겠다)고 하니 직원들은 자존심이 상하는 것이다.

실제로 정부와 지역 주민들 간 협상에서도 이런 사례가 많다. 선거 때는 해준다고 했다가, 나중에 못 해준다고 했다가, 주민들이 반대하니 반만 해주겠다고 하는 식이다. 행정수도, 신공항, 신도시 같은 이슈가 특히 그렇다. 이럴 때 주민들이 반발하는 이유 역시 마찬가지다.

물론 이 문제들에는 경제적 이익도 관련이 있겠지만 무엇보다 감정, 즉 자존심이 상하게 된다.

정리해보자. 나는 협상을 이렇게 정의했다.

'상대의 행동, 인식, 감정을 변화시켜 가치를 키우는 의사소통의 과정.'

이렇게 정의하고 보면, 최근 일주일간 협상 안 한 사람은 몇이나 될까? 당연히 없을 것이다.

우리는 매일 협상한다. 집에서는 절대로 이길 수 없는 숙명의 라이벌, 배우자와 협상한다. 회사에서는 상사, 부하, 동료와 원하든 원하지 않든 매일 협상한다. 오해하지 말자. 협상이란 어디 가서 물건 싸게 사고, 비싸게 파는 그런 게 아니다. '더 큰 가치를 키우기 위한 의사소통의 과정'이다. 그래서 《협상의 법칙》의 저자 허브 코헨은 말했다. "인생의 8할은 협상"이라고.

5강

볼품없는 총각이
최고의 신부를 맞이한 비결은?

슈퍼스타들을 NFL 올스타전에 출전시키려면?

협상 능력을 측정할 수 있는 퀴즈 하나.

당신은 미국 프로풋볼리그^{NFL}의 담당자다. 당신의 임
무는 올스타전을 여는 거다. 그런데 문제가 있다. 꼭 참
여해야만 하는 슈퍼스타들이 출전을 거부하고 있다. 이
유는? 간단하다. 시즌이 끝나 피로가 누적된 상태에서
성적과 아무런 관계도 없는 게임에 나서기 싫다는 거다.
쉴 때 쉬지 못하고 게임에 나섰다가 부상이라도 당하면
어쩌냐고 선수들은 걱정한다.

풋볼리그 담당자로서 당신은 선수들과 어떻게 협상하

겠는가? 이번 협상의 목표는 선수들을 올스타전에 출전시키는 것이다. 협상 하수냐, 중수냐, 고수냐에 따라 사용하는 전술이 다르고 결과도 달라진다.

먼저, 협상 하수는 이렇게 말한다.

"출전비 1억 원 줄게. 하루만 고생해라."

그런데 생각해보자. 슈퍼스타들의 연봉은 최고 400억 원 정도다. 그런 선수들한테 '하루 고생하면 1억 줄게'라는 말이 통할까? 이렇게 말하는 사람은 관점 전환이 안 되는 사람이다. 1억 원의 출전비라는 것은 내 입장에서 생각하면 큰돈이다. 하지만 슈퍼스타 입장에선 아무런 감동이 없는 금액이다.

협상 중수는 이렇게 말한다.

"나도 협상 배웠다. 당신의 니즈, 즉 욕구는 '부상에 대한 두려움' 아니냐? 내가 엄청나게 비싼 하루짜리 보험상품 가입해놨다. 혹시 부상당할까 하는 걱정 붙들어 매라. 당신이 평생 받을 연봉에 육박하는 돈을 보상받을 수 있다."

어떤가? 뭐 나쁘지 않다.

그런데 진짜 고수는 여기서 한 걸음 더 나간다.

"이번 기회에 가족과 함께 꿈같은 휴가를 보내는 건 어떤가."

갑자기 휴가라니, 무슨 말인가?

위의 사례는 실제로 미국에서 있었던 일이다. 평상시 올스타전에 출전하지 않던 슈퍼스타들이 언젠가부터 모두 경기에 참여하게 됐다. 출전 거부 이유가 단순했듯이 출전을 하게 된 이유 역시 단순했다. 올스타전 주최 측이 경기 장소를 바꿨기 때문이다.

이전에 주최 측은 뉴욕이나 디트로이트 같은 대도시에서 경기를 열었는데, 이젠 하와이에서 올스타전을 개최한다. 그리고 선수들에게 초청장을 보낼 때 일등석 비행기표 넉 장을 보낸다. 경기 후 일주일간 머물 수 있는 최고급 호텔 스위트룸 숙박권도 넣는다. 게다가 하와이에서 먹고, 놀고, 즐길 거리에 대한 정보도 동봉한다.

이런 초청 패키지를 보고 선수들은 어떻게 반응할까? '이게 뭐야? 쓸데없이 이런 걸 보내고…' 라며 거실 한구석에 던져버린다. 그런데 아이가 이걸 발견하고 광분하기 시작한다.

"아버지! 아버지가 지금까지 가장으로서 우리한테 해

주신 게 뭐 있어요? 제가 원하는 건 돈이 아닙니다. 다른 친구들처럼 아버지랑 함께 놀고 싶어요." (과격한 아들임에 분명하다.)

특히 선수들 대다수는 총각이다. 애인들이 이 초청 패키지를 보고 들떠서 말한다.

"자기야. 원정 경기가 많아 계속 떨어져 지내 아쉬웠는데, 이렇게 멋진 휴가를 나 모르게 준비해두었던 거야?"

협상학에선 이처럼 상대의 의사결정에 영향을 미치는 제삼자를 '히든 메이커 hidden maker' 라 한다. 인간은 누구나 자신에게 중요한 사람의 말을 따르고 싶고, 그의 기대를 충족시켜주고 싶다는 욕구가 있다.

특히, 까다로운 상대와 협상할 때 이 히든 메이커를 활용하는 건 너무도 중요하다.

노사 협상을 한다고 가정해보자. 협상에 서툰 CEO는 노조원들 다 모아놓고 이렇게 말한다.

"알다시피 올해는 영업이익이 줄었기 때문에 임금 인상률은 3퍼센트로 합시다."

이후에 노조위원장과 협상 테이블에서 만나 이렇게 말한다.

"아까 내가 분명히 밝혔지요? 올해 임금 인상률은 3퍼센트라고."

반면 협상에 능한 CEO는 노조원들 다 모인 자리에선 이렇게 말한다.

"알다시피 올해는 회사이익이 줄었기 때문에 임금을 동결하겠습니다."

이후 노조위원장과의 협상 테이블에선 이렇게 말한다.

"위원장이 그렇게 강하게 임금 인상을 주장하니, 위원장 입장을 고려해서 3퍼센트까지 올리겠습니다."

이렇게 말하는 이유는 뭘까? 바로 노조위원장의 히든메이커를 고려했기 때문이다. 위원장의 히든 메이커는? 두말할 필요 없이 조합원들이다. 조합원들의 지지를 받아야만 '연임'이라는 노조위원장의 욕구를 달성할 수 있다.

그래서 협상학에선 협상을 레벨 1과 레벨 2로 구분한다. 레벨 1 협상이란 당사자들끼리 하는 협상이다. 그런데 협상은 여기서 끝나는 게 아니다. 당사자 간의 협상이 끝나고 나면 각자 돌아가서 자신들의 히든 메이커와 또

한 번의 협상을 해야 한다. 이를 레벨 2 협상이라 한다. 노조 대표가 경영진과 하는 협상이 레벨 1이고, 그가 돌아가서 노조원들과 하는 협상이 바로 레벨 2 협상이다.

고수일수록 레벨 2의 협상을 고려한다. 2010년에 있었던 FTA 추가 협상, 또는 재협상을 기억하는가? 그때 미국 측은 협상이 타결되자마자, 우리와의 약속을 깨고 자신들이 추가로 얻어낸 합의 내용을 미리 언론에 흘렸다. 이런 게 바로 자기 나라의 이해관계자들과 레벨 2 협상을 쉽게 하기 위한 협상 전술이다.

북한과의 협상이 어렵다는 얘기를 많이들 한다. 어제오늘의 일이 아니다. 결국 방법은 히든 메이커를 공략하는 것이다. 북한의 히든 메이커는 누구일까? 당연히 중국이다. 우리 정부가 중국 정부와 가까워지면 가까워질수록 북한의 대남 정책은 강경보다는 유화 정책으로 갈 수밖에 없다.

자, 이제 글의 제목에 대한 답을 하려 한다. 결혼식장에 가보니 남자가 정말 형편없다. 그런데 여자는 정말 완벽하다. 볼품없는 총각이 최고의 신부를 맞이한 비결은?

아마도 남자는 예비 장모의 마음을 얻었을 가능성이 크다. (오해하지 말자. 절대 내 얘기가 아니다.) 여성이 결혼을 결심하는 데 가장 큰 영향을 미치는 히든 메이커는 바로 '엄마'이기 때문이다.

혹시 까다로운 상대를 만나 협상에 어려움을 겪고 있는가? 상대만 바라보지 말자. 상대의 히든 메이커를 찾아야 한다. 그리고 그를 움직여야 한다.

협상의 꽃,
창의적 대안을 아시나요?

루브르 박물관의 설립 배경은?

지금까지 책을 읽으면서 당신의 머릿속에 남았으면 하는 가장 중요한 문장은 두 가지다.

'상대의 행동을 바꾸려면 상대의 요구가 아닌 욕구, 즉 니즈를 파악해야 한다.'

'니즈를 알려면 관점을 전환해야 하고, 히든 메이커가 누구인지를 알아야 한다.'

니즈를 파악한 다음에 할 일은 뭘까? 협상학에선 크리에이티브 옵션 creative option 을 만들라고 말한다. 크리에이티브 옵션이란 '양측의 서로 다른 니즈를 동시에 만족시키는 제3의 창의적 대안'을 뜻한다.

역사적 예를 들어보자. 18세기에 프랑스 혁명이 일어났다. 알다시피 시민군이 가장 먼저 쳐들어간 곳은 바스티유 감옥이었다. 그다음엔 어디로 갔을까? 왕궁이다. 굶주린 시민군은 왕 일가가 그토록 호화스럽게 살았다는 사실에 격분하면서, 왕궁을 닥치는 대로 파괴한다. 왕정의 잔재를 없애버리겠다는 의미인 셈이다. 우리나라에서도 그랬다. 과거 4·19 때 학생들은 이화장(이승만 전 대통령이 살던 집)으로 쳐들어가서 물건들을 부쉈다. 시민군이 왕궁을 습격하자 프랑스 공무원들은 왕궁을 지키고자 안간힘을 쓴다. 왕궁에 있는 모든 것이 역사적 유물이기 때문이다. 이 모든 것이 허무하게 사라지는 게 안타까웠다. 이로써 왕궁을 파괴하겠다는 요구와 왕궁을 보존하겠다는 요구가 맞서게 됐다.

지금부터 협상학에서 사용하는 가장 기초적인 툴을 통해 설명해보자.

우선 양측의 포지션, 즉 요구는 뭘까? 시민군은 왕궁 파괴, 정부는 왕궁 보존이다. 이럴 때 협상 안 되는 사람들은 어떻게 타결할까? 과감하게 절반에서 끊는다. 예를 들어, "전체 4층 중에 홀수 층만 부숴라. 짝수 층은 남겨두고."(이게 가능하냐고 묻지 말자. 이를테면 그렇다는 얘기다.)

	시민군	정부
포지션	왕궁 파괴	왕궁 보존

하지만 협상을 아는 사람은 포지션이 아니라 니즈에 집중한다. 시민군의 니즈는 뭘까? 왕정에 대한 반감, 즉 왕이 독점적으로 소유한 공간이 싫다는 것이다. 그러면 공무원들의 니즈는? 역사적 유물을 보존하고 싶다는 것이다.

	시민군	정부
포지션	왕궁 파괴	왕궁 보존
니즈	왕정에 대한 반감, 왕의 독점적 공간 없애기	역사적 유물 보존

지금부터가 중요하다. 어떻게 하면 이 두 가지 니즈를 동시에 만족시킬 수 있을까? 그렇다. 왕궁을 '시민들을 위한 박물관으로 만드는 것'이다. 이렇게 하면 역사적 유물을 보존하는 동시에, 시민들 입장에선 왕의 독점적

공간을 자신들이 소유한다고 느낄 수 있다. 그럼으로써 프랑스에선 왕정이 끝났다는 것을 선언할 수 있다.

	시민군	정부
포지션	왕궁 파괴	왕궁 보존
니즈	왕정에 대한 반감, 왕의 독점적 공간 없애기	역사적 유물 보존
창의적 대안	왕궁을 박물관으로 사용	

이렇게 해서 만들어진 박물관이 뭘까? 바로 우리가 프랑스 여행 가면 반드시 들르는, 유리 피라미드 앞에서 한참 기다려야 입장할 수 있는 루브르 박물관이다. 누구는 베르사유궁이 왕궁 아니냐고도 하는데 거기는 일종의 별장이었고, 당시 프랑스 왕은 루브르궁에 머물고 있었다. 핵심은 박물관이라는 창의적 대안이 루브르궁이 잿더미가 되는 것을 막았다는 것이다.

협상학에서 유명한 사례 하나를 더 알아보자. 시나이 반도 얘기다. 시나이 반도는 이집트와 이스라엘 사이에 있는 땅이고 원래 이집트 땅이었다. 그런데 1967년 그 유명한 '6일 전쟁'을 통해 이스라엘이 이 땅을 빼앗았다. 이후 시나이 반도는 중동의 골칫거리가 된다. 뺏은 자와 빼앗긴 자 간의 대립이 갈수록 격화됐기 때문이다.

결국 1978년 그 유명한 캠프데이비드 협상이 시작되고 미국이 중재에 나선다. 당시 중재자 역할을 맡은 사이러스 밴스 미 국무장관이 이집트의 안와르 엘 사다트 대통령에게 묻는다.

"당신이 진짜 원하는 게 뭔가?"

사다트가 답한다.

"시나이 반도 100퍼센트를 돌려달라. 99.9퍼센트도 안 된다."

밴스가 이번엔 이스라엘의 메나헴 베긴 총리에게 묻는다.

"당신이 원하는 것은?"

베긴이 답한다.

"돌려주겠다. 단, 일부만 돌려주겠다. 100퍼센트 돌려주는 것은 과하다."

툴을 통해 다시 정리해보자. 양측의 포지션은 '100퍼센트 반환'과 '일부 반환'으로 맞서고 있다.

	이집트	이스라엘
포지션	100퍼센트 반환	일부 반환

　이때 벤스 장관은 양측의 니즈, 즉 욕구를 파악하는
데 주력한다. 이집트의 욕구는 뭘까? 이집트는 인구에
비해 땅덩이가 넓은 나라다. 시나이 반도가 크게 필요치
않다. 이집트의 욕구는 의외로 단순했다. 바로 자존심,
즉 주권을 회복하고 싶다는 것이다. 선조들이 물려준 땅
을 후손들이 멍청해서 뺏긴 데 대해 국민들의 자존심이
상했던 것이다. 이것 외에 이집트는 땅도 100퍼센트 돌
려받지 못한 상태에서 이스라엘과 평화협정을 맺었다가
다른 아랍 국가들한테 미운털이 박힐 걸 걱정하고 있었
다. 반면 이스라엘의 욕구는? 안전을 보장받는 것이었
다. 이스라엘 민족의 미션mission은 성지인 예루살렘을 지
키는 것이다. 시나이 반도라는 완충지대가 있어야만 중
동의 적들로부터 영토를 지킬 수 있다고 판단했다.

	이집트	이스라엘
포지션	100퍼센트 반환	일부 반환
니즈	민족적, 국가적 자존심	안보

당신이 중재자라면 어떻게 창의적 대안을 만들겠는가? 벤스가 만들어낸 옵션은 이것이었다.

"땅은 100퍼센트 이집트에 돌려준다. 단, 이곳에 양국의 군대가 아닌 다국적 감시군을 주둔시킨다."

협상이 끝나고 이집트 공무원들은 대국민 성명을 발표한다.

"우리가 협상 잘해서 영토를 100퍼센트 되찾았다."

이스라엘 공무원들도 대국민 성명을 발표한다.

"우리가 협상 잘해서 안전을 100퍼센트 확보했다."

	이집트	이스라엘
포지션	100퍼센트 반환	일부 반환
니즈	민족적, 국가적 자존심	안보
창의적 대안	100퍼센트 반환, 다국적 감시군 주둔	

이렇게 정리하고 보니 너무도 간단한 해법 아닌가? 하지만 협상학자들은 이를 20세기 가장 위대한 창의적 대안이라고 꼽는다. 실제로 이 안을 만들어내기 위해 벤스 국무장관은 사다트 대통령과 베긴 총리를 각각 수십 차례 만났다고 한다.

지금까지 남의 나라 얘기를 많이 했으니 이제 우리나라 얘기를 해보자.

울산-포항 고속도로를 건설할 때의 일이다. 시공사, 즉 건설사는 고민에 빠진다. 고속도로 옆에 있는 아파트 주민들이 아파트 옆을 통과하는 451미터 구간을 방음 터널로 시공하라고 요구한 것이다. 하지만 시공사는 소음 수준이 환경 기준치에 적합하다며 방음 터널을 지을 수 없다고 맞섰다.

뛰어난 협상가는 이럴 때 요구 자체가 아니라 그걸 만들어낸 '욕구'에 집중한다. 아파트 주민들의 욕구는 뭘까? 소음도 문제지만, 이 때문에 집값이 떨어지는 게 싫다는 거다. 시공사는? 비용을 더 쓰는 게 싫다. 소음 기준도 지켰고, 이런 식으로 주민들의 요구를 들어줬다가는 잘못하면 전례로 남을까 걱정도 된다. 이런 일이 있으면 항상 등장하는 또 다른 이해관계자가 있다. 바로 지자체다. 지자체는 일을 원만하게 처리하길 원한다.

각자의 요구는 방음 터널 시공(주민), 시공 불가(시공사), 원만한 해결(지자체)이다. 그렇다면 욕구는? 주민은

소음피해 방지와 집값 하락 우려를 해소하는 것, 시공사는 비용 절감과 전례를 남기기 싫다는 것, 지자체는 민원이 발생하지 않도록 성공적으로 중재하는 것이다. 이들의 모든 욕구를 어떻게 충족시킬 수 있을까?

방법은 이거다. 비싸고 컴컴한 방음 터널 대신 화사한 방음벽을 설치한다. 또 방음벽 주위에 수목림을 조성한다. 알다시피 나무는, 특히 활엽수는 소리를 흡수하는 기능이 있다. 그리고 도로 주위에 주민들이 이용할 수 있는 운동 및 편의시설을 설치해 더 좋은 주거 환경을 만들어낸다. 이런 대안을 만들면 지자체가 돈을 쓸 수 있다. 방음 터널 만드는 데 예산을 쓰면 나중에 감사했을 때 문제가 될 수 있다. 건설사가 내야 할 비용을 지자체가 냈다고 할 수 있기 때문이다. 하지만 나무를 심거나 운동시설을 만드는 데는 지자체가 돈을 쓸 수 있다. 녹지 사업이고 주민 편의 사업이기 때문이다. 이런 게 바로 창의적 대안이다.

표로 정리하면 다음과 같다.

	아파트 주민	건설사	지자체
포지션	방음 터널 시공	방음 터널 시공 불가	양측의 양보
니즈	소음 피해 방지, 집값 하락 우려 해소	비용 절감, 전례 남기기 싫음	민원 발생 않는 것, 성공적인 중재
창의적 대안	아치형 방음벽 설치, 친환경적 수림대 수목 조성, 도로 · 하천변 운동시설 설치		

    협상학자들은 이런 창의적 대안을 '협상의 꽃'이라 부른다. 그렇다면 어떻게 해야 실전협상에서 창의적 대안을 만들 수 있을까? 걱정하지 말자. 정해진 방법론이 이미 존재한다.

7강

붙여라!
그러면 상대의 마음이
움직일 것이다

🔗

다이소 구매팀의 협상 비법은?

뛰어난 협상가는 서로의 요구가 다를 때 욕구에 집중한다. 그래서 서로 다른 욕구를 동시에 충족시키는 창의적 대안을 만든다. 그렇다면 누가 이런 창의적 대안을 잘 만들까?

누구는 말한다. "협상 경험이 많아야 한다"고. 아니다. 머리가 좋아야 할까? 그것도 아니다. 창의적 대안을 잘 만들기 위해선 패턴을 알아야 한다. 다시 말해, 창의적 대안을 만드는 데는 정해진 방법론이 있다는 얘기다.

창의적 대안을 만드는 첫 번째 방법은 '더하기add' 다.

이는 새로운 협상 안건을 추가해 상대의 또 다른 니즈를 만족시키는 협상법이다.

예를 들어보자. 어떤 남자가 결혼한 지 20주년이 됐다. 그는 총각 때 지금의 아내를 엄청나게 쫓아다녔다. 그녀랑 꼭 결혼하고 싶어서 여러 가지 약속을 했는데, 그 중에 이런 것도 있었다.

"나랑 결혼만 해주오. 결혼 20주년이 되면 당신이 원하는 어느 곳으로든 여행도 떠납시다."

결혼 한번 하겠다고 막 던진 얘기인데, 불행히도 아내는 20년간 그 약속을 까먹지 않고 있다. 20주년이 되기 6개월 전부터 아내는 "당신, 약속 지켜!"라며 다그친다. 남편은 "어디 가고 싶은데?"라고 예의상 물어본다. 부인은 "나는 옛날부터 하와이 한 번 가는 게 꿈"이었다고 말한다. 그런데 불행히도 남편은 지난달에 출장 때문에 하와이를 보름간 다녀왔다. 그리고 남편은 비행기 오래 타는 걸 무척 싫어한다. 가고 오는 데 열 시간씩, 그걸 또 해야 한다니 생각만 해도 끔찍하다. 그래서 남편은 그냥 제주도 가자고 제안한다. "신라호텔 스위트룸 잡을 테니 거기서 3박 4일 편하게 쉬다 오자"고. 그래도 아내는 하와이 가겠다고 우긴다.

만약 당신이 이 상황 속의 남편이라면 어떻게 협상할 것인가? 설마, 부곡하와이? 그런 얘기는 말자. 이번 협상의 목표는 아내를 제주도로 데리고 가는 것이다.

우선 이런 방법이 가능하다. 부인에게 견적서 두 개를 보여준다. 2인 경비로 하와이는 700만 원, 제주도는 300만 원. 단순 계산으로도 400만 원이 남는다. 견적서를 보고 있는 아내를 향해 이렇게 말한다.

"여보, 당신의 그 낡은 핸드백 볼 때마다 가슴이 아프더라. 이제 당신 나이도 있고 사회적 지위도 있으니 명품백 하나 장만하면 어때?"

보통 아내들 같으면 솔깃할 제안이다. 그런데 불운하게도 우리 부인은 청교도적인 삶을 사는 여자다. 물질, 명품 이런 거 싫어한다.

명품백이 안 통하면 다음엔 어떤 얘기해야 할까? 이렇게 말할 수 있다.

"장모님하고 함께 가자." (명확히 하자. 장모님이지 장인어른이 아니다. 경험으로 알다시피, 장인은 투자 대비 수익률이 나오지 않는다.)

그리고 부인의 얼굴을 쳐다보며 따뜻한 눈빛으로 말을 이어간다.

"우리 애들 어릴 때 돌봐주시느라 무척 고생하셨잖아. 우리가 이만큼 사는 것도 다 그 덕이지. 이번 기회에 모시고 가자. 그런데 장모님 연세가 있으시니 비행기 오래 타면 몸 상하실 수 있어. 물론 제주도 정도면 괜찮지."

그럴듯하지 않은가? 그런데 불행히도 우리 부인은 천하의 불효녀다.

"우리 엄마가 그렇게 좋으면 당신이 모시고 겨울에 따로 갔다 와!"

그렇다면 마지막 방법은 이거다. 우리 부인이 인생에서 가장 중요하게 생각하는 사람은 누구일까? 답은 '자식'이다. 결혼한 지 20년 됐으면 일반적으로 아이는 몇 학년일까? 대개 고3이다. 이렇게 말해야 한다.

"애 수능이 63일밖에 남지 않았는데, 부모가 일주일씩 여행 가는 집이 있을까? 그러다 애가 점수 안 나와서 평생 우리 원망하면 어쩌지? 이번엔 짧게 다녀옵시다."

공감되는가? 이렇게 협상에서 새로운 안건을 덧붙이는 게 바로 더하기 기법이다.

비즈니스 예를 하나 더 들어보자. 혹시 다이소라고 가 봤는가? 정말 신기한 곳이다. 파는 물건의 절반이 다 1,000원짜리다. 나는 다이소 갈 때마다 내심 걱정된다. 이렇게 싸게 팔다가 망하면 어쩌려고? 하지만 다이소는 영업이익도 꽤 나고 매출도 꾸준히 늘고 있다. 비결은 다 이소 구매팀이 대단하기 때문이다. 다이소 구매팀에는 원칙이 있다. 1,000원에 물건을 팔기 위해 구매 단가를 최대한 낮추는 것이다. 그들의 협상 방식을 보자.

다이소 구매팀이 컵을 만드는 공장에 들렀다. 사장님 에게 말한다.

"이 컵 500원에 납품하시죠."

사장님은 힐끗 보고는 콧방귀를 날린다.

"500원? 말도 안 되는 소리 마소. 그렇게 팔아선 우리 공장 문 닫아야 해. 800원은 돼야 겨우겨우 생산비 맞춰 져."

이때 협상 안 되는 사람은 어떻게 할까? 양측의 가격 차이인 300원을 반으로 뚝 잘라 첫 제안 금액에 보태서 "650원!"이라고 할 것이다. 하지만 다이소 구매팀은 500 원에 물건을 사기 위해 협상 안건을 덧붙인다. 우선 이렇게 말한다.

"사장님, 지금 공장가동률 어떻게 됩니까?"

그러면 사장님이 잠시 생각하다가 답한다.

"한 80퍼센트 됩니다."

이 틈을 파고들어 다이소 구매팀이 말한다.

"사장님, 공장을 100퍼센트로 돌리세요. 나머지 물량을 저희가 모두 받겠습니다."

가동률 늘린다고 해서 직원들 월급 더 줘야 하는 건 아니다. 대신 생산이 최적화되니 생산 단가가 줄어든다. 사장님 기분 좋아지며 말한다.

"오케이! 100원 깎아 700원에 합시다."

다이소는 두 번째 질문을 한다.

"사장님, 지금까지 거래하고 결제 어떻게 받으셨어요?"

사장님은 말한다.

"그거야 정해주는 대로 받았지, 내가 힘이 있나. 근데 한두 번 어음 잘못 받아서 회사 망할 뻔한 적도 있었지."

다이소 구매팀은 기다렸다는 듯 말을 이어간다.

"사장님, 저희는 현금 결제합니다. 혹시 정 힘들면 말씀하세요. 선입금도 가능합니다."

중소기업 사장들의 가장 큰 고민은 현금흐름이다. 이를 해결해준다니 또 100원 깎아준다.

마지막으로 다이소는 이렇게 한다. 제품 품질에 큰 영향을 주지 않는 기능이나 장식을 모두 없애버린다. 이렇게 되면 납품업체 입장에선 생산원가가 줄어든다. 그래서 또 100원 할인! 이런 식으로 안건을 더하면서 납품업체와 다이소 모두 만족할 만한 협상 결과를 만들어낸다.

협상이 서툰 사람들은 협상 테이블에 여러 가지 안건(아젠다)이 올라오는 것을 부담스럽게 생각한다. 하지만 협상 고수들은 반대로 행동한다. 최대한 많은 안건을 테이블에 올리고, 이를 통해 창의적 대안을 만들어낸다.

가장 쉬운 예가 이것이다. 시장에 갔다. 5만 원짜리 물건을 사는데 5,000원을 깎고 싶다. 무슨 말을 해야 할까? 이렇게 해야 한다.

"내가 이 동네 40년 살았어요. 내 친구, 친척들도 다이 동네 살죠. 손님 소개해줄게요."

'소개'라는 아젠다를 덧붙이는 것이다. 또는 '카드가

아닌 현금으로 결제하겠다' 라며 결제 방법이라는 안건도 덧붙여본다.

　유능한 협상가는 꺼내놓을 수 있는 모든 카드를 협상 테이블에 올려놓는다. 그리고 이를 통해 협상의 판을 키워간다.

싸우지 마라,
내기를 걸어라

코트의 악동, 로드맨 길들이기

창의적 대안을 만드는 두 번째 방법은 베팅^{betting} 이다. 예컨대 다음과 같은 상황이 있다. 협상으로 좋은 결과를 내려면 어떻게 해야 힐까?

당신은 저축은행 하나를 인수하려 한다. 계산해보니 총자산이 1,000억 원이다. 그런데 문제는 부실자산^{NPL}. 추정되는 부실자산이 약 400억 원이다. 그러니까 총자산에서 부실자산을 뺀 금액인 600억 원에 인수하면 적당할 것 같다. 하지만 파는 쪽에서는 그렇게 생각하지 않는다. 그쪽에선 부실자산이 100억 원밖에 안 된다며 900

억 원을 요구한다. 어떤 창의적 대안을 만들 수 있을까?

협상 안 되는 사람은 이렇게 제안한다.

"자, 계산기 꺼내봐라. 내가 생각하는 600억에다 네가 생각하는 900억을 더하자. 1,500억이다. 이걸 2로 나누면 750억. 750억으로 하자! 오케이?"

이런 건 협상이 아니다. 흥정이다. 이럴 때 협상이 되는 사람은 이렇게 한다.

"좋다. 당신 말 믿고 900억에 인수하겠다. 하지만 내가 경영하면서 부실자산이 발견되거나 우발채무가 발생하면 그때는 당신이 그 손해를 모두 보전해줘야 한다."

이런 옵션을 '풋백옵션'이라 한다. 신문에서 많이 봤을 단어다. 이렇게 서로 믿는 쪽으로 내기를 거는 방법을 협상학에서 베팅이라 한다. 정확한 표현으론 창의적 상황 조건creative contingency이라 한다.

이 베팅 방법은 M&A 협상에서 자주 활용된다. 대표적인 예가 제일은행 매각 협상이다. 당시 뉴브리지캐피탈은 제일은행을 5,000억 원에 매입하면서 손실보전 풋백옵션을 걸었다. 결과는? 모두가 알다시피 3조 원 이상의 공적자금이 추가로 투입됐다.

좀 더 쉬운 사례로 가보자. 1997년, 미국 프로농구팀 시카고불스와 데니스 로드맨이 연봉 협상을 위해 만났다. 데니스 로드맨이 누군지는 알 것이다. 코트의 악동! 북한에 두 번이나 방문한 아주 독특한 성격의 소유자다.

로드맨은 말한다.

"올해는 정말 잘할 수 있으니 900만 달러 이상을 달라!"

하지만 구단주는 '더 잘하겠다'는 그의 말을 믿지 않는다. 로드맨은 특이한 친구다. 재능은 천재적인데 열심히 하지 않는 걸로 유명하다. 툭하면 경기를 빠지는 데다, 욱하는 성격 탓에 경기 중 상대 선수는 물론 심판과도 자주 싸워 출장 정지를 당하는 일도 많았다. 그래서 구단주는 450만 달러만 주겠다고 제안한다. 정말 최선을 다하고 전 경기에 출장하면 구단주 입장에서는 900만 달러가 아니라 1,000만 달러를 줘도 아깝지 않을 것이다. 하지만 로드맨을 믿지 못하는 게 문제다.

이런 상황에서 당신이 구단주라면 어떤 창의적 대안을 만들 것인가? 구단주는 협상 결렬 직전에 이런 제안을 한다.

"연봉은 450만 달러로 한다. 단, 플레이오프 전 경기에 출장하면 100만 달러, 리바운드왕을 따낼 경우 50만 달러, 60경기 이상 뛸 경우 경기당 18만 5,000달러를 주겠다."

결과는 어땠을까? 우리 로드맨이 달라졌다! 전체 82경기 중 부상으로 어쩔 수 없이 빠진 2경기를 빼고는 모든 경기에 출장했다. 리바운드왕 타이틀도 따냈다. 로드맨의 활약 덕분에 시카고불스는 우승을 차지했다. 물론 로드맨도 자신이 원했던 900만 달러보다 더 많은 1,010만 달러를 챙겼다.

선수는 정말 잘할 테니 연봉을 높여달라고 하고, 구단주는 그걸 못 믿어 연봉을 깎겠다고 서로 주장해선 끝이 없다. 이럴 땐 조건부 베팅을 함으로써 양측이 만족할 만한 결과를 가져올 수 있다.

그렇다면 협상 테이블에서 언제 베팅이 가능할까? 두 가지 상황이다.

첫 번째, 미래에 대한 기대치가 다를 때다. 예컨대 정부가 미국산 쇠고기를 무관세로 수입한다고 가정해보자. 농민단체에서는 "값싼 미국산 쇠고기가 들어오면 한

우 농가는 다 죽는다"고 주장한다. 하지만 정부의 예상은 다르다. 아무리 미국산이 무관세로 들어와도 시장점유율 40퍼센트는 넘지 못할 것이라는 게 정부의 전망이다. 문제는 아무리 설명해도 농민들이 정부의 예상을 믿지 않는다는 데 있다.

이때 창의적 대안을 어떻게 만들면 될까? 통상 협상에서 자주 활용되는 긴급 수입제한조치safe guard를 두면 된다. 다시 말해 미국산 쇠고기의 시장점유율이 정부의 예상과 달리 40퍼센트를 넘으면, 그때 수입을 제한하거나 관세를 다시 인상하는 방식이다.

미래에 대한 예측은 서로 다를 수 있다. 나는 어릴 때 바나나가 싸게 수입되면 모든 사람이 사과나 배는 안 먹고 바나나만 먹을 것으로 예상했다. 내가 어릴 때만 해도 바나나는 과일이 아니었다. 병원에 입원했을 때만 먹을 수 있는 '약'인 줄 알았다. 그 정도로 바나나는 과일을 뛰어넘는 '귀한 것'이었다. 하지만 바나나가 엄청나게 싸진 지금, 사람들은 여전히 사과나 배, 감도 먹는다. 나의 예측이 틀린 것이다. 이처럼 실전 협상에서도 서로 다르고, 틀린 예측은 존재한다.

그렇다면 미래에 대한 예측이 서로 다른 이유는 뭘까? 그건 서로가 가진 '정보의 차이' 때문이다. 어린 시절 내가 바나나가 싸지면 우리나라 사람들이 바나나만 먹을 것이라 예상했을 때, 외국에서 오래 살다 온 한 친구는 말도 안 되는 소리 하지 말라며 나를 비웃었다. 외국 생활을 해본 그 친구와 한국에서만 살던 내가 갖고 있던 정보와 경험이 달랐던 것이다.

협상에서 베팅이 가능한 두 번째 상황은 서로를 믿지 못할 때다. 로드맨의 사례에서 보듯이 구단주는 로드맨이 열심히 하겠다는 말을 믿을 수 없었다. 협상 테이블에서 서로 '나를 믿어달라'고 우기기만 한다면 두 사람 모두 협상을 못하는 사람들이다. 믿어달라고 우길 필요 없다. 그냥 서로 믿는 쪽으로 베팅을 하면 된다.

혹시 협상 테이블에서 서로 양보하지 않는 주장이 있는가? 미래에 대해 서로 예측이 다른가? 서로의 주장을 믿을 수 없는가? 이때는 상대의 생각을 바꾸려고 힘 빼지 말자. 그 대신 내기를 걸면 된다. 그러면 양쪽 모두 손해 봤다는 느낌 없이 협상 테이블에서 일어설 수 있다. 이것이 바로 베팅의 힘이다.

협상은
주고받는 게 아니다

삼성중공업과 볼보, 양측 모두 만족한 이유

창의적 대안을 만드는 세 번째 방법은 바로 '교환 exchange'이다. 협상 당사자들끼리 서로 중요도가 다른 안건을 교환해 가치를 키우는 협상법이다.

예를 들어보자. 당신은 외제 중고차를 한 대 사려 한다. 그야말로 '딱'이라고 생각되는 사양의 차를 힘들게 찾아냈다. 가격을 물어보니 6,000만 원이라 한다. 딜러에게 100만 원만 깎아달라고 사정해봤지만, 절대 깎아주지 않는다. 참 깐깐하다. 그런데 모두가 알다시피 중고차는 딜러의 가격결정 권한이 크다. 한마디로 딜러 마음이다. 자, 딜러에게 무슨 말을 하면 100만 원을 깎아 줄까?

아마도 가장 쉬운 방법은 이거다.

"요즘 내 주변에 중고차 사고 싶다는 친구가 다섯 명 있다. 혹시 필요하면 이 친구들 연락처를 주겠다."

딜러 입장에서 잠재고객 다섯 명의 DB를 확보하는 게 중요할까, 중요하지 않을까? 꽤 중요하다. 딜러 입장에서 6,000만 원짜리 팔면서 100만 원 깎아주는 게 어려울까, 어렵지 않을까? 사실, 별로 어렵지 않다.

내 입장에서 보자. 100만 원 할인받는 것은 중요한가, 중요하지 않은가? 엄청나게 중요하다. 내 친구 정보를 딜러한테 넘기는 것은 어려운가, 어렵지 않은가? 별로 어렵지 않다. (나는 정말 100만 원 깎아준다면 친구 500명 전화번호를 넘겨줄 용의도 있다. 뭐, 그냥 하는 말이다. 오해 말자.)

이런 방법을 협상학에선 교환이라 한다. 나한테 덜 중요한 걸 주고, 더 중요한 걸 받아내는 협상법이다. 그렇다면 실제 비즈니스 협상에서 '교환'은 어떻게 이뤄질까?

1998년 진행된 볼보건설기계와 삼성중공업의 M&A 협상에서 이 방식이 사용됐다. 볼보는 IMF 한파 이후 삼성중공업의 애물단지가 되어버린 중장비 분야를 인수했다. 당시 이 사업부는 670억 원의 부채를 안고 있을 만큼 상황이 어려웠다. 그런데 볼보는 인수 후 2년 만에 흑자로 전환시키는 대성공을 거둔다. 협상에서 교환을 통해 양측이 나눠 가질 수 있는 파이를 키운 덕분이다.

협상 초기에는 양측 모두 매각비용을 얼마로 할 것인가에 초점을 맞췄다. 하지만 볼보로서는 내심 매각비용보다 더 중요한 것이 있었다. 하나는 유럽보다 상대적으로 싼 한국 노동자들을 고용하는 것이고, 또 하나는 아시아에서 브랜드 파워가 높은 삼성을 활용해 아시아 시장에 진출하는 것이었다. 그래서 매각비용 이외의 다양한 협상 안건을 협상 테이블에 올려놨다.

삼성중공업은 이 조건을 받아들이면서 새로운 안건을 제시했다. 하나는 '삼성'이라는 브랜드 사용에 대한 로열티를 요구한 것이다. 그리고 또 하나는 삼성이 자동차 시장에 진출하기 위해 세계적 수준인 볼보와 기술 제휴를 하자고 요청했다. 삼성 입장에서는 볼보의 선진 자동차 기술을 배우는 것이 매각비용을 높여 받는 것만큼이나 중요했던 것이다. 그리고 이 조건은 볼보로선 크게 중요한 문제가 아니었다.

이처럼 각자가 서로 교환할 안건들을 만들어냈고, 이 협상은 양측 모두 만족하는 결과로 타결됐다. 이 상황을 알기 쉽게 도식화해보면 〈그림 2〉와 같다.

그렇다면 교환을 하기 위해 필요한 것은 뭘까? 두 단계를 거쳐야 한다.

우선 양측이 협상에서 중요하게 생각하는 우선순위가 뭔지를 파악해야 한다. 협상학에선 이를 우선순위 파악

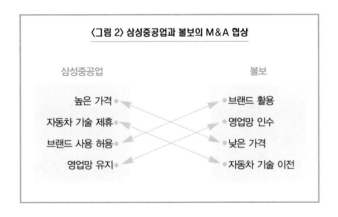

〈그림 2〉 삼성중공업과 볼보의 M&A 협상

삼성중공업 | 볼보

높은 가격 · 브랜드 활용
자동차 기술 제휴 · 영업망 인수
브랜드 사용 허용 · 낮은 가격
영업망 유지 · 자동차 기술 이전

discovering priority 이라 한다. 그런 다음에는 각자의 우선순위에 따라 안건을 교환exchanging agenda 하는 것이다.

내가 몇 년 전에 컨설팅했던 한 제조업체의 노사 협상을 예로 들어보자.

당시 노사 협상에서 중요한 핵심 안건은 네 가지였다 (그림 3 참조). 정년 연장, 장기근속자 우대, 월차 유급휴가, 조합원 자격 조정. 그중 사측에 가장 중요한 것은 조합원 자격 조정이었다. 부장급 이상은 노조 가입을 절대 허용할 수 없다는 입장이었다. 다음으로 중요한 게 정년 연장, 세 번째가 월차 유급휴가, 마지막이 장기근속자 우대였다.

〈그림 3〉 H사 노사 협상 사례	사측 우선순위	노조측 우선순위
A 정년 연장 (만 58세~만 60세)	2	1
B 장기근속자 우대 (기념품 및 휴가 일수, 휴가비 확대)	4	3
C 월차 유급휴가 (통상임금 150% 지급으로 상향)	3	4
D 조합원 자격 (부장급 이상 노조 가입)	1	2

반면 노조는 제일 중요한 게 정년 연장이었다. 두 번째가 조합원 자격 조정이었지만, 노조 역시 이 안건은 힘들 거라는 걸 알고 있었다. 세 번째는 장기근속자 우대, 마지막이 월차 유급휴가였다.

이 협상은 타결하기 쉬울까, 어려울까? 쉽다. 이유는 우선순위가 다르기 때문이다. 어떻게 타결하면 될까? 각자의 우선순위상 1번과 2번을 교환하면 된다(사측 입장에서 정년을 연장해주고 부장급 이상은 노조 가입을 불허하는 방안). 그리고 3번과 4번을 교환한다(노조 입장에서 월차 유급휴가를 양보하고 장기근속자 우대를 얻어내는 방안). 그걸로 끝이다. 실제로 이 회사는 노사분규 없이 협상을 잘 마무리했다.

여기서 질문. 그렇다면 우리는 이 세상의 모든 협상에서 교환 기법을 쓸 수 있을까? 그렇지 않다. (공부 잘하는 사람은 안다. 질문에 '모든'이란 전제가 들어가면 답이 아니라는 것을.) 이 기법을 활용하기 위해선 두 가지 조건이 필요하다. 첫째, 협상 안건이 하나면 안 된다. 두 개 이상이어야 한다. 둘째, 여러 가지 협상 안건의 우선순위가 서로 똑같으면 안 된다. 약간씩 달라야 한다.

　우리가 하는 비즈니스 협상을 한번 생각해보자. 안건이 하나밖에 없는 협상이 많이 있는가? 내 경험으론 별로 없다. 하다못해 시장에 가서 물건 살 때도 가격, 결제 조건, 수량 등 두 개 이상의 안건이 있다. 다음으로 우선순위는 어떤가? 상대랑 항상 똑같은가? 내 경험에 따르면 우선순위 1, 2위는 똑같을 때가 많다. 예를 들어 양측 모두 가격과 물량을 중시하는 경우가 많다. 하지만 우선순위 3위, 4위로 가면 어떤가? 조금씩 달라진다. 예를 들어 우리 회사는 납기가 결제 조건보다 더 중요한데, 상대는 그 반대일 수 있다. 이런 식으로 우선순위에서 약간씩 차이가 난다. 그럴 때 교환이 가능하고 협상이라는 게 해볼 만해진다.

　누군가는 말한다. "협상이란 주고받는 것"이라고. 어떤가? 맞는 말인가? 정확히 말하면 이는 반만 맞다. 협상이란 단순히 주고받는 게 아니다. 내게 덜 중요한 것을 주고, 더 중요한 것을 받는 것이다.

협상가 vs. 협상가
(Negotiator to Negotiator)

갑을, 남북, 여야 관계의 공통점은 뭘까? 협상이 쉽지 않다는 점이다. 첨예한 갈등이 어느 때보다 이슈가 되고 있는 요즘, 상생의 소통법을 말하기 위해 두 명의 전문가가 만났다. 미국과 한국을 대표하는 협상 전문가인 스튜어트 다이아몬드 교수와 최철규 대표가 그들이다. 갑을 협상, 남북 협상, 윈윈 협상을 주제로 한 협상 고수들의 대화를 〈한국경제신문〉이 단독으로 소개한다. 이들의 대담은 2013년 6월 10일 필라델피아에서 두 시간 가까이 이어졌다.

슈퍼 갑 GM이 몰락한 진짜 이유

● **최철규 대표(이하 최)** __ 지금 한국 사회에선 갑의 횡포, 을

의 반란이 화두다. 협상 강의를 하다 보면 가장 흔한 질문이 '을은 어떻게 협상해야 하느냐' 라는 처절한 '생계형' 질문이다. 이럴 때 '갑의 요구가 아닌 욕구를 파악하라', '협상 결렬 시의 대안, 즉 배트나BATNA를 개발하라' 는 기본적인 해결책 말고 어떤 방법이 있을까?

● **다이아몬드 교수**＿ 먼저, 1980년대 제너럴 모터스GM 얘기부터 해야겠다. 회사가 공룡처럼 커지면서 GM은 협력업체를 가격으로 옥죄기 시작했다. 결국 많은 협력업체가 문을 닫거나 GM을 비난하며 떠났다. 2000년대 초 GM이 재정 위기에 빠졌을 때, 자기편을 모두 몰아

낸 GM은 이미 경쟁력을 상실했다. 이것이 GM이 파산한 주요 원인이다. 갑이 협박하면 을은 자신의 아이디어를 내놓지 않는다. 언제 뺏길지 두렵기 때문이다. 혁신적 아이디어는 작은 회사에서 나오고 이를 통해 갑은 경쟁력을 키우게 된다. 한국의 갑이 과거 GM처럼 행동한다면, 이는 '자기 파괴적인' 행동이다.

● 최_ 세상 이치가 그렇다. 오만함은 적을 만들고 나쁜 평판을 낳아, 결국 자신을 해치는 결과를 몰고 온다. 자, 이제 을의 협상법은?

● 다이아몬드_ 결국, '관계'다. 을이 갑과 인간적인 관계를 더 맺을수록 협상 결과는 더 좋아지고, 서로 더 많이 얻을 수 있다. 이 말을 오해해선 안 된다. 단순히 상대의 기분을 맞춰주며 접대하라는 얘기가 아니다. 서로에 대해 더 많이 알수록 협상 안건은 늘어나고, 양측은 더 많이 얻게 된다.

● 최_ 맞는 얘기다. 대표적 사례가 과거 삼성중공업과 볼보 간의 협상이다. 볼보가 삼성중공업의 중장비 분야를 인수할 때 협상 초기에는 매각가격에만 매달려 협상이 어려웠다. 하지만 서로 좋은 인간관계를 쌓아

가는 과정에서 삼성은 볼보에 매각비용보다 더 중요한 게 있다는 걸 발견했다. 볼보는 숙련된 한국 노동자들을 고용하고 싶어 했다. 또 아시아에서 인지도 높은 삼성 브랜드를 활용하여 지역 시장에 진출하고 싶어 했다. 결국 삼성중공업은 '삼성'이라는 브랜드를 사용하게 해줬고, 한국 인력의 승계를 도왔다. 그 대신 괜찮은 매각가격과 볼보의 자동차 기술 전수라는 큰 이익을 얻어냈다. 서로에 대해 알면 알수록, 파이는 커진다.

북한으로선 로드맨이 최고의 협상가일 수 있다

● **다이아몬드**__북한과의 협상도 마찬가지다. 과장해서 말하면, 데니스 로드맨(미국 농구선수로 올 초 북한을 방문, 김정은을 만났음)이 진정한 협상가다. 김 위원장과 좋은 관계이며, 서로 원하는 것을 터놓고 말할 수 있는 유일한 미국인 아닌가? 북한은 미국에 끝없이 '관계를 원한다'는 시그널을 보냈다. 미국과 좋은 관계를 맺고, 이를 통해 자신들이 원하는 것을 얻으려 한다. 북한의 첫째 욕구는

안전^{security}, 다음이 경제다.

● **최**_ 남북 협상은 까다롭다. 무조건 대화보다는 원칙을 지키는 협상이 필요하다. 예를 들어, '핵을 포기해야 경제 지원을 하겠다' 또는 '민간교류는 정치 상황과 관계없이 지속하겠다'와 같은, 정권이 바뀌어도 변치 않는 원칙이 필요하다. 그래야만 일관성이 있고, 남북 간 신뢰가 쌓인다. 협상학에서 말하는 '히든 메이커'를 활용하는 것도 중요하다. 결국, 남북 협상의 최고 '히든 메이커'는 중국이다. 한·중 협력이 핵심이다.

● **다이아몬드**_ 북한은 우크라이나 모델을 따라야 한다. 과거 소련이 붕괴될 때 우크라이나는 서방 세계로부터 경제적 원조를 얻기 위해 갖고 있던 모든 핵무기를 모스크바로 보냈다. 국제사회의 일원으로 편입되는 대가로 핵 프로그램을 포기한 셈이다. 이 모델로 가기 위해 필요한 게 조건 없는 남북대화다. '철없는 북한과 대화하는 게 자존심 상한다'는 말은 하지 말자. 거칠게 말해, 최고의 협상가는 '자아가 없는^{egoless}' 사람이다.

● **최**＿당신의 협상철학은 상당히 동양적이다. 이성보다는 감정을 중시하는 협상 모델은 이른바 윈윈 모델(하버드에서 피셔 교수와 유리 교수가 개발한 논리적 협상법)과는 매우 다르다. 특히 배트나(협상 결렬 시의 대안)에 대한 두 철학의 차이가 극명하다. 윈윈 협상에선 면접에 갔을 때 다른 회사에서 더 좋은 제안을 받았으면 꼭 밝히라고 한다. 하지만 당신은 반대다.

● **다이아몬드**＿구직자가 다른 회사에서 제안받았다는 사실을 밝히는 순간, 면접관은 '이 사람은 충성심이 없다'고 여기게 된다. 우리가 사는 세상은 그렇게 이성적이지 못한데, 윈윈 모델은 인간을 지나치게 이성적인 존재로 한정한 게 문제다. 실제 협상을 하다 보면 사람들은 논리에 별 관심이 없다. 상대를 만나는 일 자체가 즐거우면 많은 것을 주게 된다. 감정을 중시할 때, 논리에 집중했을 때보다 네 배 정도 더 많은 이익을 얻게 된다는 연구 결과도 있다.

● **최**＿협상을 '서로의 경제적 이익을 나누는 논리게임'

이라고 생각하는 게 문제다. 먹고사는 게 전부인 시대엔 이런 주장이 통했다. 하지만 지금은 어떤가? 시장에 비슷비슷한 경제적 가치를 제공하는 물건과 서비스가 넘쳐난다. 한마디로 '공급과잉의 시대'다. 이런 시대에 상대를 논리와 경제적 이익으로만 사로잡겠다는 것은 그 자체가 어설픈 발상이다.

나는 훌륭한 협상가인가?

좋은 협상가를 구분하는 쉬운 방법은 다음의 질문을 던져보는 것이다. 각각의 질문에 답해보자. 다이아몬드 교수와 최철규 대표가 제시하는 답은 다음과 같다.

1. **협상에서 첫 제안은 기다리기보다 내가 먼저 하는 게 낫다?**

   내가 갖고 있는 '정보'에 따라 달라진다. 내가 더 많은 정보를 갖고 있거나 상대와 비슷하다면, 먼저 제안하는 게 낫다. 하지만 정보가 별로 없다면 기다려야 한다.

2. **협상할 때 최대한 많은 안건을 협상 테이블에 올려놓는 게 좋다?**

   맞다. 협상 테이블엔 양측이 논의하고 싶어 하는 모든 것이 올라와 있어야 한다. 유형, 무형, 논리적인 것, 감정적인 것 등 어느 것이든 테이블에 올라와 있어야 서로 교환할 수 있다. 단, 상대를 충분히 신뢰할 수 없을 땐 한 번에 하나씩 꺼내놔야 한다.

3. 협상에선 가장 어렵고, 중요한 안건부터 먼저 다루는 게 좋다?

아니다. 가장 부담 없고 쉬운 안건부터 다뤄야 한다. 상대가 만나자마자 "다음 미팅은 언제로 잡을까요?"라고 말한다면, 그는 협상 고수일 가능성이 크다. 가장 쉬운 안건이기 때문이다.

4. 좋은 협상가는 포커페이스를 유지한다?

그렇지 않다. 협상은 연기가 아니다. 그런 점에서 어린애들이야말로 가장 좋은 협상가다. 자신이 원하는 것을 단순하고 직접적으로 말하기 때문이다. 좋은 협상가는 가면을 쓰지 않는다. '나 자신'이 된다.

* 〈한국경제신문〉 2013년 6월 13일 자에 실린 스튜어트 다이아몬드 교수와 최철규 대표의 대담을 발췌, 요약하였다. 다이아몬드 교수는 하버드로스쿨과 와튼스쿨을 졸업했으며 현재 와튼스쿨에서 협상 코스를 강의하고 있다. 그의 협상 강의는 와튼스쿨에서 13년 연속 최고 인기 강의다. 저서로 《어떻게 원하는 것을 얻는가》가 있다.

기준이 인식을 바꾼다

집을 사고팔 때 제대로 협상하려면?

본질적으로 말해 협상이란 결국 '상대의 인식을 바꾸는 게임'이다. 그렇다면 어떤 얘기를 해야 상대의 인식이 바뀔까? 협상 상대의 인식을 바꾸는 데 쓰이는 첫 번째 무기는 바로 스탠더드standard다. 스탠더드란 우리말로 하면 기준, 즉 합의의 근거로 활용할 수 있는 객관적 지표를 뜻한다.

우리가 물건을 사고팔 때 가장 많이 활용하는 기준은 뭘까? 내가 지금 열심히 타이핑하는 데 쓰고 있는 이 노트북을 당신에게 판다고 해보자. 나는 아마 이런 말을 할 것이다.

"이 노트북, 중고품 가게에 가서 사려면 60만 원은 줘야 합니다."

지금 남들이 얼마에 파는지를 이야기한 것이다. 이를 협상학에선 시장 가격, 즉 마켓 프라이스market price라 한다.

나는 당신에게 이렇게 말할 수도 있다.

"이거 작년에 120만 원 주고 산 겁니다. 1년 지났으니 50퍼센트 감가상각해서 60만 원에 팔겠습니다."

여기서 120만 원을 과거 가격, 즉 히스토리컬 프라이스historical price라 한다.

또는 이런 말도 가능하다.

"이거랑 똑같은 노트북, 용산전자상가에 있는 중고 컴퓨터 전문상가에 들고 가면 60만 원 정도는 쳐줍니다."

이처럼 권위(또는 전문성) 있는 기관이나 사람이 공표 또는 발표한 가격을 공표된 가격, 즉 퍼블리시드 프라이스published price라 한다.

우리가 협상할 때 쓸 수 있는 기준은 이렇게 셋 중 하나일 때가 많다.

직장에서의 예를 들어보자. 상사가 부하에게 목표 매

출을 부여한다고 가정하자.

협상을 모르는 리더는 이렇게 말한다.

"김 대리, 올해 무조건 100억 달성해."

이 말을 들은 김 대리, 충격과 공포에 휩싸여 되묻는다.

"예? 밑도 끝도 없이 100억이라니, 그런 매출을 어떻게 달성합니까? 너무 과합니다. 조금만 봐주시죠."

무능한 리더는 이렇게 답한다.

"난들 아나. 위에서 하라니까 하는 거지. 그냥 묻지도 따지지도 말고 100억 해보자. 당신 믿어!"

이런 상사는 협상의 원리를 모르는 사람이다. 상사가 만약 기준이라는 개념을 안다면 아마 이렇게 얘기할 것이다.

"올해 우리 팀의 다른 친구들도 다 100억은 한다고 했어. 김 대리도 100억 하자."

이게 뭔가? 바로 마켓 프라이스다. 또는 이렇게 말한다.

"김 대리의 최근 3년간 영업실적 성장률을 보니 매년 20퍼센트씩 더 했더군. 올해도 작년 실적에 20퍼센트 더 높여 100억 하자."

이건 히스토리컬 프라이스다. 또는 이렇게 말할 수도

있다.

"올 초 사장님이 신년사에서 발표하셨잖아. 올해는 작년보다 20퍼센트씩 더 해야 한다고. 그러니 100억을 목표로 하자."

이게 바로 권위 있는 사람이 공표한 기준, 즉 퍼블리시드 프라이스다.

기준이 왜 중요할까? 기준이 있어야만 상대가 내 제안에 '○○' 할 수 있기 때문이다. '○○'에 들어갈 단어는 뭘까? 동의? 수용? 아니다. 바로 '납득'이다. 그럼, 납득이란 뭔가? 납득은 수용이나 동의와는 완전히 다른 개념이다. 수용은 영어로는 'accept', 즉 상대 제안을 그대로 받아들인다는 의미고, 동의는 영어로 'agree'다. 납득이란 굳이 영어로 말하면 'understandable' 정도로 표현된다.

쉽게 말하면 이런 거다. 방금 전 예에서 상사가 100억 목표를 줬을 때 김 대리가 다음과 같이 느낀다면 납득이 된 것이다.

'그래, 내가 당신 자리에 있어도 충분히 그렇게 말했

을 거야. 상사인 당신도 회사에서 살아남기 위해 어쩔 수 없이 그렇게 얘기해야 했겠지…."

협상에서 납득이 중요한 이유는 뭘까? 상대가 어떤 기준을 제시하는데 내가 납득이 안 된다. 그럼 나는 상대에 대한 신뢰가 사라진다. 협상 전문가들은 말한다. 협상에서 가장 중요한 자산을 딱 한 가지만 꼽으라면, 그것은 바로 신뢰라고.

기준이 있어야만 상대가 납득이 되고 납득이 되어야만 신뢰가 생긴다는 뜻이다.

협상에서 기준을 제대로 만들기 위해서는 두 가지 점을 추가로 염두에 둬야 한다.

첫째, 협상이란 나한테 유리한 기준을 제시하는 게임이다. 하나의 협상에서 기준은 하나밖에 없을까? 아니다. 여러 개 있다.

예컨대 집을 팔 때도 기준은 세 가지다. 제일 흔한 게 바로 국민은행KB 시세, 즉 마켓 프라이스다. 은행들이 담보금액을 정할 때 활용하는 기준이다. 예를 들어 내 집의 KB 시세가 5억 원으로 되어 있다 하자. 그다음, 히스토리컬 프라이스로는 국토부 실거래가가 있다. 우리 단지의 아파트가 지난 분기에는 얼마에 팔렸는지 나와 있다. 예를 들어 4억 5,000만 원이라고 적혀 있다 하자. 또 하나 요즘 가끔 쓰이는 기준인데, 인터넷 경매 사이트 들어가 보면 접할 수 있는 감정가라는 게 있다. 신문을 읽다가 '경매 낙찰률이 감정가 대비 얼마다' 하는 뉴스를 접한 적이 있을 것이다. 예를 들어 4억 원이라고 공표돼 있다 하자.

만약 당신이 집을 파는 입장이라면 무슨 얘기를 해야 할까? 당연히 가장 비싼 가격인 KB 시세, 즉 5억 원을 얘기할 것이다.

"원래 아파트 거래는 KB 시세를 기준으로 하는 겁니다."

이런 주장을 펴야 한다. 반면 매수자라면? 가장 낮은 가격인 감정가를 내세우며 이렇게 얘기해야 한다.

"요즘 감정가 대비 100퍼센트 받는 아파트 많지 않습니다."

협상이란 이처럼 서로가 자신에게 유리한 기준을 던지며 시작된다.

둘째, '세상 모든 기준 중에 가장 강력한 기준은 상대가 만든 기준'이다. 상대가 만든 기준을 내게 유리하게 활용하는 게 중요하다.

예를 들어보자. 당신은 부품을 납품하는 중소기업의 영업담당이다. 대기업 구매담당이 이렇게 말한다.

"올해 우리 회사 영업이익률이 작년 대비 10퍼센트 줄었으니, 구매 단가도 10퍼센트 줄입시다. 서로 고통을 분담해야 하지 않겠어요?"

당신이 말한다.

"좋습니다. 고통을 분담하겠습니다."

다음해 그 기업의 영업이익률이 전년 대비 30퍼센트 늘었다. 이때 당신은 어떤 얘기를 해야 할까? 그렇다. 논리적으로만 봤을 때 '납품 단가를 30퍼센트 올려달라'는 얘기를 해야 한다. 어떤 근거로? '우리 회사의 영업이익률과 납품 단가는 정비례한다'는 기준을 그 상대가 만들었기 때문이다. 사람은 누구나 그렇다. 내가 만든 기준과 규칙은 지켜야 한다고 생각하는 게 일반적이다. 이것이 바로 상대가 만든 기준을 활용하는 방법이다.

불편한 질문을 하나 던지려 한다. 지금 당신이 받는 연봉은 높은가, 낮은가? 이 질문에 대한 답은 기준이 뭐냐에 따라 달라진다. 대학 동기 중에 외국계 금융사에서 일하고 있는 친구를 기준으로 생각해보면 당신의 연봉은 분명 낮다고 인식될 것이다. 반면, 공직에 몸담고 있는 친구를 기준으로 생각해보면 낮지 않다고 인식될 것이다. 인간 뇌의 원리가 그렇다. 기준을 어디에 두느냐에 따라 인식이 달라진다.

내 요구를 말하기 전에, 내가 제시할 기준부터 생각하자. 그래야 상대의 인식을 바꿀 수 있다.

배트나? 배트맨?
'갑을'을 결정한다

서울시가 청계천 복원에 성공한 비결

'배트나BATNA'라는 말을 들어본 적 있는가? 협상 자리에 갔을 때 상대방에게도 슬쩍 물어보자.

"혹시 배트나가 뭔지 아세요?"

상대가 "내가 '배트맨'까지는 알겠는데, 배트나는 잘…"이라고 얼버무리면 그때부터는 협상을 편하게 해도 된다. 왜냐? 상대는 협상을 훈련받은 적이 한 번도 없는 사람일 확률이 높기 때문이다. 협상학에 입문하면 반드시 배우는 가장 기초적인 개념이 바로 배트나다. 배트나란 우리말로 번역하면 협상이 결렬됐을 때 내가 갖고 있는 차선책이다. 영어로 얘기하면 'Best Alternative To Negotiated Agreement'의 머리글자다.

예를 들어, 당신이 부동산 중개업자라고 가정해보자. 손님이 왔을 때 무슨 얘길 하면 계약 확률이 가장 높아질까? '이 집, 지금이 최저가다', '언젠가 이 동네 개발된다' 뭐 이런 얘기를 많이들 할 것이다. 그런데 이런 얘기는 대부분 믿지도, 통하지도 않는다.

이렇게 해보면 어떨까? 매매할 집을 보여주면서 이렇게 말해본다.

"거참, 이상하네. 오늘따라 이 집 보는 분이 많네요. 오전에만 두 분이 보고 가셨어요."

이 얘기를 듣는 순간, 집을 보는 손님의 마음은 어떨까? 왠지 모르게 초조해질 것이다.

만약 중개업자가 진짜 선수라면 여기서 한 단계 더 나간다. 손님이 집 여기저기를 둘러보고 있는데, 중개업자의 전화벨이 요란하게 울린다(사실은 전화가 온 게 아니라 알람을 맞춰놓은 것일 수도 있다). 중개업자는 급히 전화를 받는 척하면서 이렇게 말한다.

"아, 오전에 보고 가신 분이군요? 집이 마음에 드신 다고요? 그런데 죄송하지만 가격 조정은 안 됩니다. 그 래 봤자 500만 원 차이인데, 그냥 하시죠. 아니면 사모 님과 조금 더 상의해보고 최종적으로 결정하셔서 전화 주세요."

이 얘기를 듣는 순간. 손님의 맘은 어떨까? 엄청나게 조급해진다. 부인에게 전화를 걸어 '급하니까 가계약금 300만 원이라도 보내라' 고 말할 확률이 높다.

이처럼 집을 파는 사람 입장에서 나 말고도 다른 대 안, 즉 배트나가 많다는 걸 안다면? 그 순간 손님 입장에 선 웬만한 건 양보하게 된다. 이게 바로 배트나의 힘이 다. (여기서 부동산 업자의 거짓말과 윤리성에 대해 논쟁하지는 말자! 당연히 양심적인 중개업자가 훨씬 더 많다.)

협상학에선 말한다. 결국 협상이란 '배트나가 있느냐 없느냐' 의 게임이라고. 배트나가 있는 쪽을 협상학에선 '갑' 이라 하고 없는 쪽을 '을' 이라 부른다.

협상에서 배트나의 힘이 얼마나 강력한지 예를 하나 들어보자. 그 유명한 청계천 협상이다. 2002년 서울시가 청계천 복원공사를 하겠다고 했을 때 많은 사람이 불가능하다고 말했다. 얼핏 생각해도 그렇지 않은가? 아파트 재개발 사업도 반대하는 사람들이 많아 쉽지 않은데, 청계천은 수많은 상인의 생계 현장이니 말이다.

실제로 당시 상인들은 격렬히 반대했다.

"좋소, 하시오. 단 우리가 장사에 피해를 입으니, 10조 원을 보상해주시오!"

서울시가 어디서 10조 원을 장만하겠는가. 이건 하지 말라는 얘기다. 서울시는 나름의 당근책을 제시한다.

"공사 기간 중에 손님들의 주차가 불편할 테니 동대문운동장에 임시 주차장을 마련하겠습니다. 장사 못 하는 걸 걱정하는 것 같으니, 우리가 대안도 드리겠습니다. 송파구 장지동에 부지를 마련해줄 테니 거기서 장사할 수 있도록 해드리지요."

이 얘기를 들은 상인들은 꿈쩍도 하지 않는다.

"말도 안 되는 소리! 교통의 요지 청계천이랑, 서울 변두리 장지동이 어떻게 같습니까?"

그러자 서울시는 이렇게 말한다.

"알겠습니다. 그럼 이번 협상은 결렬된 것으로 하겠습

니다. 청계천 복원하지 않겠습니다. 그 대신, 다들 알고 계시죠? 전임 시장 때 청계고가가 너무 낡아서 안전에 문제가 있다는 조사 결과가 나왔었죠. 이참에 청계천 고가도로나 전면 보수해야겠습니다. 참고로 공사 기간은 3년 정도입니다."

만약 협상이 이렇게 결렬되고 청계고가 보수공사가 시작되면 상인들은 어떻게 될까? 어차피 3년간 교통은 통제되고 장사하기 힘들어진다. 이 공사는 시민들의 안전을 위한 것이기 때문에 딱히 반대할 명분도 없다.

서울시가 이렇게 말하자, 그동안 강하게 나오던 상인들의 태도가 달라진다.

"아니, 왜 그렇게 감정적으로 협상을 하십니까? 서로 원하는 바를 합리적으로 얘기해보죠…."

상인들 입장에선 어차피 3년간 생업에 지장을 받을 바에야 차라리 서울시 지원을 받는 것이 낫다고 판단했고, 결국 협상은 극적으로 타결됐다.

이처럼 협상이 결렬됐을 때 내 배트나가 형편없다는 사실을 아는 순간, 사람은 겸손해진다.

그렇다면 실전 협상에선 배트나를 어떻게 활용해야

할까?

첫째, 만약 나의 배트나가 아주 좋다면 이를 상대에게 알려야 할까, 알리지 않아야 할까? 협상학에선 말한다. "무조건 알려야 한다"고.

둘째, 그렇다면 알릴 때는 직접 대놓고 알리는 게 좋을까? 아니면 은근히 알리는 게 좋을까? 당연히 은근히 알려야 한다. 왜일까? 배트나란 나한테는 좋지만, 듣는 사람 입장에선 좋지 않은 뉴스이기 때문이다. 너무 직접적으로 알리면 상대와의 관계가 훼손될 수 있다. 그래서 일반적으로 제삼자를 이용한다.

나는 신문기자 시절에 은행을 담당했는데, 은행이 매각 주간사일 때 이런 일이 자주 벌어진다. 평소 별로 친하지도 않은 부행장이 전화를 해서 이렇게 말한다.

"최 기자, 사실 이 회사 인수하겠다는 곳, 여기 말고 또 있어. 혹시 최 기자 물먹을까 봐(기자들이 쓰는 표현인데 경쟁 신문 기자들은 쓰는데 나만 쓰지 못하는 낙종을 뜻한다) 알려주는 거야. 그런데 쓰지는 마. 알지? 내가 한 얘기 아니야."

이는 무슨 의미일까? 그렇다. 익명으로 써달라는 얘기다. 매각 주간사 입장에서는 손님이 많이 모이는 모습을 연출해야 좋은 조건으로 파는 데 도움이 된다.

셋째, 시간도 중요하다. 배트나는 시간이라는 함수와 밀접한 연관이 있다. 예를 들어 나의 배트나는 좋은데, 상대의 배트나는 시간이 지나도 형편없다고 가정하자. 이때는 협상을 빨리 끝내는 게 좋을까, 아니면 질질 끄는 게 좋을까? 최대한 끌어야 한다. 어차피 시간이 갈수록 상대는 더 많이 양보하게 된다. 반대로 내 배트나는 형편없고, 상대는 좋다면? 이때는 최대한 빨리 끝내는 게 좋다.

내가 그랬다. 나는 서른네 살 12월에 결혼했는데, 아내는 나보다 아홉 살 어린 스물다섯이었다. 예식장에 손잡고 들어간 날은 우리가 서로 첫인사를 나눈 지 4개월 12일째 되는 날이었다. 내가 빛의 속도로 결혼을 서둘렀던 것이다. 왜? 서른네 살 노총각인 나의 배트나는 형편없다. 반면 스물다섯 살짜리 아내의 배트나는 끝내준다. 이럴 때는 상대가 이성의 힘을 회복하기 전에 협상을 '전광석화'처럼 끝내야 한다. (물론, 나는 이런 협상의 원리를 떠나 아내를 사랑했기에 결혼을 서둘렀다! 진짜다.)

얼마 전, 서울시 환경미화원을 뽑는데 경쟁률이 10대

1이라는 뉴스가 났다. 이후 어떻게 됐을까? 경쟁률이 더 높아졌을까, 아니면 낮아졌을까? 당연히 높아졌다. 왜일까? 인간의 인식이 그렇다. 나 말고 다른 사람들도 관심이 많다는 사실을 아는 순간, 그 자리가 더 가치 있어 보인다. 협상도 마찬가지다. 상대의 제안에 관심 있는 사람이 나 말고도 여럿 있다는 것을 아는 순간, 그 제안이 더 가치 있게 인식된다. 결국, 얼마나 좋은 배트나를 갖고 있느냐에 따라 나의 협상력은 결정된다.

12강

'술 한잔 할까?' vs.
'맥주 할래, 소주 할래?'

루스벨트가 저작권료를 물지 않은 이유

혹시 '청오구삼講五求三'이라는 말을 들어봤는가? 과거 한 · 미 FTA 협상을 진행했던 김종훈 전 통상교섭본부장이 했던 말이다. 김 본부장은 자신의 협상 전술을 소개하면서 '청오구삼'이라는 표현을 자주 썼다. 뜻은 쉽다. '내가 세 개를 얻고 싶으면 처음에는 다섯 개를 달라고 요구해야 한다'는 의미다. 처음부터 상대에게 세 개 달라고 불렀다가는 한 개도 얻기 힘들다는 말이다.

협상학에선 이를 앵커링anchoring이라 한다. 앵커anchor는 우리말로 '닻'이란 뜻. (닻, 돛, 이거 꽤 헷갈린다. 마치 치

킨과 키친처럼…) 협상학에서 말하는 앵커링이란 내가 제시하는 처음 정보가 인식의 닻 역할을 하여 상대의 판단에 영향을 미친다는 의미다.

무슨 말인지, 협상학에서 자주 나오는 유명한 예를 통해 알아보자.

1912년, 미국에서 대통령 선거가 한창이다. 정계 복귀를 선언한 시어도어 루스벨트도 막바지 선거운동에 들어간다. 당시에는 TV토론 같은 것도 없었기에 유권자를 설득하는 가장 좋은 방법은 홍보책자를 나눠주는 것이었다. 선거캠프는 루스벨트의 연설문이 담긴 300만 부의 책자를 만들었다. 막 뿌리려고 하는데, 책자를 유심히 보던 선거운동원이 깜짝 놀란다. 책자 표지에 루스벨트 사진이 있는데, 사진 아래쪽을 보니 작은 글씨로 이렇게 쓰여 있다.

'카피라이트 바이 모펫 스튜디오Copyright by Mofat studio.'

저작권자가 따로 있는 사진을 허락도 받지 않은 채 사용한 것이다. 알다시피 미국은 저작권법이 엄격한 나라다. 장당 1달러만 물어내도 300만 달러라는 큰돈이 든다. 하지만 선거캠프는 저작권료로 그만큼이나 낼 정도로 넉넉한 형편이 아니다. 그렇다고 책자를 새로 제작할 시간도 없다.

여기서 문제! 당신이 이 캠프의 책임자이고, 저작권자는 무슨 일이 벌어졌는지 아무것도 모르는 상황이다. 이 문제를 해결하기 위해 당신이 저작권자와 전화 통화를 하게 됐다고 가정하자. 어떻게 말하겠는가? 이 상황에서 협상의 고수, 중수, 하수는 각각 다르게 대응한다.

우선 하수는 전화가 연결되면 첫마디를 'Sorry!'로 시작한다.

"정말 미안하다. 그런데 정말 실수다. 일부러 그런 거 아니다."

전화 끊을 때는 이런 말도 한다.

"그런데 너 고등학교 어디 나왔냐? 내가 당신 고등학교 10년 선배다. 좀 봐주라."

문제를 인간관계로 풀려고 한다.

중수는 뭐라고 말할까? 첫 문장이 중요하다. 앵커링은 일반적으로 첫 번째 제시하는 정보로 건다. 중수는 'Congratulations!'로 시작한다.

"축하한다. 우리 캠프에서 당신의 사진을 쓰기로 했다. 더 놀라운 것은 당신 이름을 사진 밑에 넣어서 미국 전역에 300만 부나 뿌릴 거라는 소식이다. 우리가 당신을 홍보해주니 당신은 곧 유명해질 것이고 머잖아 미국을 대표하는 사진작가가 될 거다. 스케줄 관리 잘하길!"

그런데 진짜 고수는 여기서 한 단계 더 나간다. 뭐라고 말할까? '축하한다'고 한 후 이런 얘기를 덧붙인다.

"그런데 이런 말 해서 미안한데, 세상에 공짜가 어디 있나? 우리가 당신을 이만큼 도와주는데, 당신도 우리를 좀 도와달라. 선거캠프에 1,000달러만 기부해라!"

이 협상은 어떻게 결론 났을까? 결국 사진사가 '나도 요새 어렵다'며 250달러를 기부하는 걸로 마무리됐다. 이런 게 바로 앵커링의 힘이다. 이 일은 당시 루스벨트 선거캠프의 의장이었고 JP모건은행의 파트너였던 조지 퍼킨스가 실제로 진행한 협상 사례다.

지금부터는 상상이다. 협상이 끝나고 사진사는 주변에 뭐라고 얘기했을까? 아마도 친구들에게 이렇게 말하고 다녔을 것이다.

"우와! 나 협상에 재능 있나 봐. 그쪽에서 요구한 금액의 75퍼센트를 후려쳤어. 앞으로 협상할 일 있으면 나한테 찾아와."

이렇게 얘기하면 어떤 선한 사람들은 이게 무슨 협상이냐고, 사기 아니냐고 따지기도 한다. 오해하지 말자. 거짓말이나 하자는 유치한 얘기가 아니다. 협상할 때 상대의 인식을 나한테 유리한 기준에 고정시켜놓고 시작하자는 얘기다.

더 쉬운 예를 들어보자.

대기업에 우리 회사의 부품을 납품하고 싶다. 이때 무능한 세일즈맨은 이렇게 말한다.

"귀사에 저희 제품을 납품할 수 있을까요?"

이에 비해 유능한 세일즈맨은 앵커링을 활용한다.

"납품 물량이나 가격은 어떻게 하는 게 좋을까요?"

즉, 납품한다는 사실 자체에 앵커(닻)를 걸어놓고 얘기를 시작한다는 뜻이다.

이에 대해 누군가는 "나도 옛날에 그렇게 말해봤다. 그런데 대기업 담당자가 '누가 당신하고 거래한다고 했냐'며 핀잔만 주더라"며 불만을 토로한다. 그런 말 말자.

앵커링은 한마디로 말해 확률을 높이는 협상법이다.

고깃집에 손님이 왔을 때도 마찬가지다. 어떤 종업원은 이렇게 묻는다.

"손님, 뭐 드실래요?"

이러면 열 명 중에 여덟 명은 고기 시킨다. 하지만 두 명 정도는 이렇게 말한다.

"고기는 어제도 먹었으니 됐고…. 뭐, 된장찌개나 냉면 됩니까?"

그런데 종업원이 교육을 잘 받았거나 고깃집 사장 아들이라면 질문할 때 다음과 같이 앵커를 건다.

"몇 인분 드릴까요?"

"오늘 등심하고 안창살이 끝내주는데, 뭘로 드시겠어요?"

이렇게 물어보면 손님이 고기 시킬 확률이 좀 더 높아진다.

나는 〈한국경제신문〉에서 기자로 6년 정도 일했다. 금융계 출입기자를 4년 이상 했는데 내가 기자 시절에 지켜본 가장 큰 협상이 구 국민은행과 구 주택은행 간의 합

병 협상이었다. 당시 주택은행 측에서는 김영일 부행장이 협상 실무를 총괄했는데 정말 탁월한 협상 실력을 발휘하셨다. 그래서 내가 하루는 그분께 여쭤봤다.

"부행장님, 협상만 계속 6개월 정도 하고 나니까 뭐가 제일 달라졌습니까?"

김 부행장은 이렇게 말했다.

"옛날에 협상을 모를 때는 주말에 집에 있다가 술 한잔 하고 싶을 때 아내한테 이렇게 말했어요. '여보, 우리 나가서 술 한잔 할래?' 당연히 아내 대답이 곱지 않죠. 주중에 그렇게 마셨으니, 주말에는 좀 쉬라는 잔소리나 듣기 일쑤였어요. 그런데 협상을 알고부터는 아내에게 던지는 질문이 달라졌습니다. '여보, 나가서 맥주 한잔 할래? 아니면 소주 할래?'"

다시 한 번 강조한다. 협상이란 결국, 인식의 싸움이다. 상대의 인식을 나한테 유리한 기준점에 걸어놓고 시작하자. 앵커링을 활용하면 실전 협상에 분명 도움이 된다.

13강

기다릴까? 먼저 할까?
첫 제안

승자의 저주를 피하는 유일한 방법

협상이란 제안^{offer}과 제안이 맞붙는 과정의 연속이다. 협상할 때 어떻게 제안해야 할까? 여기 두 가지 상황이 있다.

　첫 번째 상황.

　당신은 세일즈맨이다. 어떤 상품을 개당 1만 원에 팔고 싶다. 첫 제안을 어떻게 하는 게 좋을까? 처음부터 높게, 즉 "개당 1만 5,000원 주세요" 이러는 게 좋을까? 아니면 처음부터 겸손하게, "개당 1만 500원만 주세요" 이러는 게 좋을까?

협상학에서 답은 명확하다. "첫 제안은 무조건 세게 하라"고 말한다. 이를 '에임 하이aim-high' 라 한다. 우리말로 번역하면 '높이 겨눠라' 이런 뜻이다.

미시간대학교에서 실험을 했다. 400명의 학생을 200명씩 두 그룹으로 나눠 똑같은 물건을 팔게 했다. 이후 협상 결과를 보니 A그룹 학생들은 평균 625달러에, B그룹 학생들은 평균 425달러에 물건을 팔았다. 두 그룹의 유일한 차이는 '첫 제안'에 있었다. 실험자가 각 그룹에게 첫 제안에 대한 지침을 주면서 A그룹에게는 무조건 700달러 이상으로, B그룹에게는 700달러 이하로 하라고 했다. 이처럼 단순한 첫 제안의 차이가 결과에서 200달러의 차이를 만들어낸 것이다. (협상이 결렬된 비율은 당연히 A그룹이 높았다.)

그런데 여기까지만 읽고 실전 협상에서 무조건 '에임 하이' 했다가는 큰일 난다. 어떤 사람들은 에임 하이를 한답시고 속으로 '못 먹어도 고!'만 외친다. 예컨대 1만 원짜리 상품을 들고 가서, 상대가 얼마냐고 물어보면 "3만 원!"이라고 한다('암, 무조건 에임 하이지!' 하면서). 그러면 상대는 황당해 하며 다른 곳에선 다 1만 원 하는데 그게 왜 3만 원이냐고 따져 묻는다. 할 말이 없어진 그 판매자는 이렇게 답한다. "그냥… 뭐… 날씨도 좋고, 기분도 좋고, 오늘은 왠지 3만 원 불러보고 싶었다"고.

이건 협상이 아니다. 그래서 협상학에선 말한다. "에임 하이는 반드시 데리고 다니는 쌍둥이 동생이 있다"고. 이 쌍둥이 동생 없이 혼자 갔다가는 '즉사' 한다.

에임 하이의 쌍둥이 동생은 뭘까? 바로 '논리와 근거 L&G', 즉 로직 앤 그라운즈Logic&Grounds 다. 논리와 근거 없는 에임 하이는 하지 않는 게 낫다. 왜냐? 상대 입장에서 나에 대한 신뢰가 사라지기 때문이다. L&G가 구체적으로 무엇이고, 어떻게 만들어지는지에 대해선 14강에서 자세히 이야기하겠다.

두 번째 상황.

실전 협상을 하다 보면 다음과 같은 일이 자주 벌어진다.

구매자 자, 서로 바쁘니까 곧장 본론으로 들어갑시다. 개당 얼마에 납품하고 싶으세요?

판매자 죄송한데…, 얼마에 사고 싶으신지 먼저 말씀을 해주셔야….

구매자 아니, 파는 쪽에서 먼저 얘기를 하셔야죠. 생각하고 온 가격대가 있을 거 아닙니까?

판매자 사는 입장에서 정해놓은 예산이 있을 것 아닙니까? 얼마 생각하고 계세요?

구매자 허허, 거참….

바이어와 셀러가 서로 가격을 먼저 제안해보라고 떠미는 상황이다. 아마 많이 접해봤을 것이다.

협상할 때 첫 제안은 내가 먼저 하는 게 좋을까? 아니면 상대에게 먼저 던져보라고 하고, 기다리는 게 좋을까?

이는 그때그때 다르다. 다만, 그 '때'를 결정하는 하나의 함수가 있다. 내가 상대보다 '이것'이 많거나 비슷하면 첫 제안을 내가 먼저 던지는 게 낫다. 반대로 상대보다 '이것'이 적거나 부족하면 기다리는 게 낫다. '이것'은 뭘까?

답은 '정보'다. 상대보다 정보가 많거나 비슷하다면

내가 먼저 제안하는 게 좋다. 왜일까? 바로 지난 12강에서 말한 '앵커'를 걸 수 있기 때문이다. 반대로 적다면, 상대의 제안을 기다리는 게 현명하다.

정보가 적을 때는 왜 기다리는 게 좋을까? '승자의 저주winner's curse'를 피하기 위해서다. 예를 들어보자. 당신이 당장 노트북이 필요해 용산전자상가에 갔다. 컴퓨터 가게 열 개가 쭉 늘어서 있다. 그중 첫 번째 가게에 갔더니, 최신형 노트북이 140만 원이라고 적혀 있다. 가격표를 슬쩍 쳐다본 후 한번 제안해본다.

"아저씨, 이거 100만 원에 주세요." (나름대로 에임 하이를 한 것이다!)

주인아저씨가 그 얘기를 듣고는 1초도 고민하지 않고 답한다.

"좋습니다! 100만 원에 가져가세요."

주인은 포장을 하며 콧노래까지 흥얼댄다.

이렇게 쉽게 100만 원에 노트북을 샀다. 그런데 그걸 들고 집으로 돌아오는 길에 당신의 마음은 어떨까? 뭔가 찝찝하다. 이런 현상을 경제학에선 '승자의 저주'라 한다. 내가 원하는 것을 아주 쉽게 얻었지만 뭔가 속은 듯한 찜찜함 또는 불안감을 뜻한다.

이런 승자의 저주가 발생하는 이유는 간단하다. 바로 '정보의 부족' 때문이다. 내가 만약 이 노트북의 인터넷 최저가가 얼마인지, 다른 가게에서는 얼마에 파는지 등의 정보가 충분했다면 어떨까? 100만 원이 높은 가격인지, 낮은 가격인지를 판단할 수 있기 때문에 이처럼 승자의 저주에 빠지지 않을 것이다.

정리해보자. 협상에서 제안은 아주 중요하다. 첫 제안을 할 때는 가능하다면 세게, 즉 '에임 하이' 하는 게 좋다. 하지만 잊지 말자. 논리와 근거가 없는 에임 하이는 오히려 서로 간의 신뢰를 갉아먹는 '독'이 된다.

첫 제안을 내가 먼저 할까? 아니면 기다릴까? 이 이슈는 '정보'라는 함수를 기억하면 된다. 정보가 충분하거나 비슷하다면 먼저 제안한다. 반대로, 정보가 부족하다면 기다린다. 그래야만 승자의 저주에서 자유로울 수 있다.

14강

LPG보다 더 강력한 L&G

한국이 EU와 FTA를 체결할 수 있었던 이유

앞에서 '에임 하이'에게는 쌍둥이 동생이 있다고 했다. 바로 'L&G', 즉 논리와 근거다. L&G란 무엇이고, 협상에서 어떻게 사용될까?

예를 들어보자. 하루는 아파트 엘리베이터를 탔는데, 상수도 요금과 관련된 이런 공지문이 붙어 있다.

"1월 고지분부터 평균 6.8퍼센트 인상됩니다."

이 문장을 보는 순간 어떤 생각이 들겠는가? 아마도 대개는 화가 날 것이다.

'아…, 정말 자고 나면 오르고, 물가가 하늘 높은 줄

모르네. 왜 이렇게 물가관리가 안 되는 거야. 한국은행은 도대체 뭐하나?'

인상을 팍 쓰고 공지문을 읽다 보니 마지막에 이런 문장이 또 적혀 있다.

"현재 상수도 요금은 생산원가의 88.93퍼센트이며 이번 인상을 통해 94.8퍼센트가 될 예정입니다."

이 문장을 읽으면 어떤 생각이 들까?

'아, 맞아! 내가 영국에서 유학할 때는 물값 상당히 비쌌는데, 아직 우리나라는 물값이 물값이지. 아직 생산원가도 안 되는구나….'

이런 게 바로 L&G다. 생산원가의 94.8퍼센트라는 구체적인 근거! 이를 보는 순간, 나의 인식이 '아, 아직 원가에도 못 미치게 싸구나'로 바뀐다.

특히 영업 협상에서 이 L&G는 너무도 중요하다. 여기도 두 개의 상황이 있다. 둘 다 보험 세일즈를 하는 분이 고객을 만났을 때의 장면이다.

첫 번째 상황.

세일즈맨 혹시 암보험 가입하셨나요?

고객 아뇨, 관심 없어요.

세일즈맨 아유, 요새 암보험 하나 정도는 갖고 계셔야 합니다. 혹시라도 암에 걸리면 본인은 물론이고 가족들도 얼마나 고생합니까? 하나 가입하시죠!

고객 괜찮아요. 됐어요.

세일즈맨 아, 그러지 말고 하나 가입해두세요. 생각보다 보험료가 그렇게 비싸지 않습니다.

고객 아니, 왜 이러세요? 관심 없다니까요!

세일즈맨 거참…. 하나 가입하시면 좋을 텐데….

두 번째 상황.

세일즈맨 혹시 암보험 가입하셨나요?

고객 아뇨, 관심 없어요.

세일즈맨 그러실 수 있죠. 암은 남의 일이라고 생각하기 쉬우니까요. 죄송한데, 하나만 여쭤볼게요. 우리나라 성인 남녀의 평균 암 발병률이 몇 퍼센트인지 아십니까?

고객 글쎄요…, 4~5퍼센트 정도 되지 않나요?

세일즈맨 저도 그 정도인 줄 알았거든요. 근데 최근 복지부 통계 자료를 보니까 28퍼센트 정도 된다고 해요. 성인들만 놓고 볼 때, 크든 작든 암에 걸리는 사람이 열 명 중에 세 명꼴이라는 얘기죠.

고객 진짜 그렇게 높아요?

세일즈맨 네, 그렇습니다. 그리고 더 중요한 것은 암에 걸리면 평균 입원 일수가 37일이라고 해요. 하루 평균 병원비는 20만 원 정도고요. 그러니까 암에 걸리는 순간, 기본으로만 잡아도 740만 원 정도의 병원비가 들어간다고 봐야죠.

고객 그래도 뭐, 아직 젊고 건강하니까….

세일즈맨 암보험은 젊을 때 들어놓는 게 좋다고들 합니다. 일단은 보험료가 싸거든요. 지난 5년간의 통계를 보니까 보험료가 매년 5퍼센트씩 올랐더라고요. 암보험이 필요하다는 생각이 든다면 내년보다는 올해, 지금처럼 건강하실 때 가입하시는 게 여러모로 유리합니다.

고객 음…, 그런가요? 한번 고민해볼게요.

첫 번째는 무능한 세일즈맨의 영업 모습이고, 두 번째는 유능한 세일즈맨이 L&G를 활용해 협상하는 모습이다. 두 번째 사례에서 세일즈맨은 암 발병률, 입원 기간, 병원비, 보험료라는 네 가지 L&G를 제시했다.

좀 큰 협상 얘기를 해보자. 한·EU FTA 협상 사례다. 알다시피 우리나라는 일본, 중국을 제치고 동아시아 국가 중에 가장 먼저 EU와 FTA를 체결했다. 비결은 뭘까? 여기서도 L&G가 힘을 발휘했다. 사실 처음에 우리나라가 EU에 FTA를 체결하자고 했을 때 EU에선 별 관심을 보이지 않았다. 이때 우리 외교부는 '그러지 마시고, 하면 괜찮을 테니 한번 해봅시다' 라는 막무가내 설득이 아니라 논리와 근거를 가지고 협상에 임했다.

먼저 EU 측이 한국과의 FTA에 관심이 없다고 말한 이유는 이것이다.

"한국은 시장 규모가 너무 작다."

이 주장에 대해 당신이 협상 담당자라면 어떤 L&G로 상대를 공략하겠는가? 우리 협상단이 제시한 논리는 '국경 무용론' 이었다. 외교부 실무자는 세계 지도를 들고 가서 한국을 중심으로 컴퍼스를 활용해 원을 그었다. 그리고 말했다.

"이 지도를 봐라. 이 원은 한국에서 비행기로 두 시간 내에 갈 수 있는 지역을 뜻한다. 이 안에는 도쿄, 상하이, 베이징 등 아시아를 움직이는 대도시가 모두 들어가 있다. 한국과 FTA를 체결한다는 건 동북아시아 전체와 FTA를 맺는 것과 마찬가지 효과가 있다."

그러자 EU 담당자가 이렇게 반박한다.

"동북아 시장이 매력적이라는 건 인정한다. 하지만 그럴 거면 중국이나 일본과 먼저 FTA를 맺겠다."

여기에 대해 우리 측은 이런 논리를 폈다.

"좋다, 그럼 중국하고 먼저 해봐라. 아마 특유의 만만디 정신 때문에 최소 10년은 걸릴 것이다. 하지만 한국은 다르다. 우리는 뭐든 빨리 한다. 한국과 빨리 체결해 전례, 즉 베스트 프랙티스best practice를 만들어둬야 중국이나 일본과도 쉽게 체결할 수 있다."

그러자 EU 담당자가 말한다.

"와! 정말 말씀 잘하신다. 하지만 솔직히 말해 우리는 동북아보다 인도나 아세안ASEAN(동남아시아 국가연합)에 더 관심이 많다."

우리 실무진은 'EU의 경제력'과 '아세안의 경제력'에 관련한 자료를 보여준다. 그리고 말한다.

"선진국 연합체인 EU가 개도국 연합인 아세안과 FTA를 맺는 건 힘의 균형이 맞지 않는다. FTA는 원조가 아니다. 통상 강국인 대한민국과 첫 번째 상업적 FTA를 맺어 EU가 자유무역에 대한 강한 의지를 갖고 있다는 것을 보여줘야 한다."

이런 논리로 상대를 설득했다. 당신이 EU 담당자라도 인식이 흔들릴 것 같지 않은가?

여기서 질문 하나! 사내 협상이 쉬울까, 회사 외부 사람과의 협상이 쉬울까? 대부분 사내 협상이 더 어렵다고 말한다. 왜일까? 그건 아마도 잘못된 믿음 때문일 것이다. "내 마음이 당신 마음 아니냐"는 식의 분위기 말이다. 그러다 보니 논리와 근거로 상대를 설득하기보다는 '무조건 해달라'고 밀어붙이기가 다반사다. 그러다가 상대가 들어주지 않으면 "내 사정 다 아는 사람이 이럴 수 있느냐"며 화내고 섭섭해 한다. 협상을 잘하기 위해선

'내 마음이 당신 마음' 이라는, 근거 없고 잘못된 믿음을 버려야 한다. 그리고 그 자리에 L&G를 들어놓아야 한다. 논리와 근거가 상대의 인식을 바꾼다.

양보할 때도 기술이 있다!

주고도 욕먹는 사람의 문제는 무엇일까?

협상을 하다 보면 양측의 주장이 대립하여 논의가 진척되지 않을 때가 있다. 이를 협상학 용어로는 데드 록^{dead} ^{lock}, 즉 교착상태라고 한다. 이때 필요한 것이 양보의 기술이다.

협상에 약한 사람일수록 양보에 대해 극단적 모습을 보일 때가 많다. 절대로 해주지 않거나, 무조건 해주는 식이다. 둘 다 좋지 않은 방법이다.

협상학에선 양보에도 기술이 있다고 말한다. 상대 관점에서, 상대에게 만족감을 주는 양보가 가장 훌륭한 양보다. 양보의 기술 세 가지를 살펴보자.

첫째, 공짜 양보를 하지 않는다.

이는 말 그대로, 상대에게 공짜로 양보해주지 말라는 의미가 아니다. 양보의 대가로 반드시 뭔가를 받아내라는 의미는 더더욱 아니다. 상대가 고마움을 느끼지 못하는 양보는 하지 말라는 뜻이다.

어떻게 해야 상대가 공짜 양보가 아니라고 느낄까? 이를 위해 필요한 게 바로 앞서 말했던 논리와 근거, 즉 L&G다.

예컨대 옷 가게에 들른 젊은 여성이 5만 원짜리 옷을 사면서 5,000원만 깎아달라고 했다 하자. 이때 노련한 사장은 절대 그냥 깎아주지 않는다. 양보해주면서, 반드시 논리와 근거를 댄다. 주로 무슨 말을 할까? "아가씨가 예뻐서 특별히 깎아주는 겁니다" 등의 얘기를 한다. 그러면 여성의 얼굴에는 웃음꽃이 활짝 핀다. (이때 무심결에 여성의 얼굴을 쳐다봤다가 화들짝 놀랄 때가 많다.)

'유능한 협상가는 양보할 때 상대가 가치를 느낄 수 있도록 논리와 근거를 제시한다' 는 명제를 다시 들여다

보자. 유능한 협상가인 옷 가게 사장은 내가 하는 양보, 즉 5,000원에 대해 고객이 가치, 즉 '나한테만 특별히 잘해준 거야'를 느낄 수 있도록 논리와 근거, 즉 '예쁘다'는 찬사를 제시했다.

둘째, 깔때기형 양보를 한다.

나는 물건을 파는 사람이다. 처음에 20만 원을 불렀지만, 세 번 양보를 거쳐 14만 원에 팔 생각이다. 6만 원을 어떻게 깎아주는 게 좋을까?

여기에는 세 가지 방법이 있다. 하나는 단계적으로 액수를 줄이는 방법이다. 처음에 3만 원, 다음에 2만 원, 마지막에 1만 원을 깎아준다. 두 번째는 일률적으로 양보하는 방법이다. 세 번 모두 2만 원씩 깎아준다. 세 번째는 단계적으로 액수를 늘리는 방법이다. 처음에 1만 원, 다음에 2만 원, 마지막에 3만 원을 깎아준다.

이중에 뭐가 가장 좋을까? 답은 당연히 첫 번째다. 즉 처음 3만 원, 다음 2만 원, 마지막에 1만 원을 깎아주는 게 좋다. 이 방식을 협상학에선 '깔때기형 양보'라고 한다. 아래로 내려갈수록, 즉 시간이 지날수록 점점 절댓값이 작아지는 양보 기술이다. 이렇게 시간에 따라 양보 폭이 작아지고 '제로'에 수렴해갈 때 협상 상대는 속으로 생각한다.

'아, 상대의 제안이 점점 마지노선에 다가서고 있구나.'

사실, 협상학에선 이 마지노선을 $RV^{Reservation\ Value}$, 즉 유보가치라 부른다.

두 번째 양보, 즉 계속 2만 원씩 깎아주는 것은 '자판기형 양보'라고 한다. 요구할 때마다 똑같은 금액으로 낮아진다. 그러면 상대는 어떤 마음이 들까? 당연히 계속 요구하고 싶다.

마지막 양보는 최악의 양보다. 이를 '피라미드형 양보'라고 한다. 이렇게 양보하면 어떤 일이 생길까? 상대의 양보 요구가 끈질기게 계속될 것이다. 요구할수록 양보의 절댓값이 커지기 때문이다.

그래서 일정 금액의 양보가 필요한 협상이라면 협상장에 들어가기 전에 양보의 총액을 결정해놓고, 이를 2등분이나 3등분해놓는 경우가 많다. 예를 들어 10억 원짜리 계약을 할 때 양보할 금액이 총 5,000만 원이라면 단계별 양보 금액을 미리 생각해둔다. 처음엔 4,000만 원, 다음엔 1,000만 원으로 2등분하거나 처음에 3,000만 원, 두 번째는 1,500만 원, 마지막엔 500만 원으로 3등분하는 식이다.

셋째, 스트링 기법을 활용한다. 스트링string은 '끈'이란 뜻이다. 스트링 기법은 하나를 양보하면서 다른 하나를 끈처럼 묶어서 요구하는 기법이다. 다른 말로는 트레이드오프 기법이라고도 한다. 예를 들어 물건을 사는 측이 값을 깎아달라고 요구하면, 자동으로 '물량을 늘려달라', '현금으로 지급해달라', '입금일을 당겨달라' 같은 것들을 요구하는 것이다. 반대로 물건을 파는 측이 값을 더 달라고 요구하면, 자동으로 '배송은 당신이 해달라', 'A/S 기간을 연장해달라' 등을 요구하는 것이다.

이렇게 스트링 기법을 쓰는 이유는 뭘까? 물론 양보의 대가로 내가 원하는 것을 조금이라도 더 얻기 위해서다. 하지만 더 중요한 것은 상대에게 만족감을 줄 수 있다는 사실이다. 내가 요구를 그냥 들어줬을 때보다 '그 대신 다른 걸 해달라'고 했을 때 상대는 다음과 같이 느낄 확률이 더 높다.

'아, 저 사람이 이런 것을 반대급부로 요구하는 걸 보니, 내가 아주 어려운 양보를 받아냈구나. 이때 상대의 주관적 만족감은 높아진다.

세상에서 가장 억울한 일이 뭘까? 내 생각엔 '주고도 욕먹는 일'이다. 양보의 기술이 필요한 이유가 바로 이것이다. 실전 협상에서 '내가 이만큼 양보해줬으니 속으로 무척 고마워하겠지'라는 순진한 착각은 버리는 게 낫다. 같은 양보라도 상대가 '어떻게' 느끼느냐가 핵심이다. 기억하자. 협상은 상대방의 '만족도'를 높이는 게임이다. 그래서 양보에도 '기술'이 필요하다.

결국 모든 협상은
둘로 나뉜다

협상과 관련하여 좀 더 큰 이슈를 고민해보자. 협상학에
선 세상의 모든 협상을 크게 둘로 나눈다. 관계 중심의
협상과 이익 중심의 협상이다.

이를 그래프를 그려보면 어떨까? 가로축은 '이익', 세
로축은 '관계'로 정하고 둘의 상관관계를 나타내보자.
정비례 그래프가 나올까, 반비례 그래프가 나올까? 당연
히 반비례다(그림 4 참조). 현실이 그렇다! 나의 이익을 추
구하다 보면 관계가 나빠지기 마련이다. 그래서 협상이
어려운 것이다.

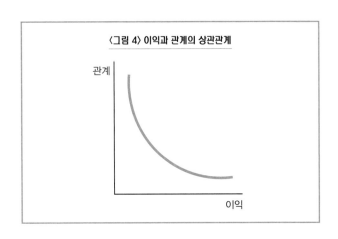

〈그림 4〉 이익과 관계의 상관관계

관계

이익

그래서 우리는 협상하기 전에 항상 고민한다. 이게 이익 중심의 협상인지, 관계 중심의 협상인지. 그런데 협상학은 친절하다(금자 씨보다 더!). 이를 결정할 수 있는 하나의 함수가 있다고 알려준다. '이것'이 확보되면 관계 중심의 협상, '이것'이 확보되지 않으면 이익 중심의 협상이다. '이것'은 뭘까? 답은 바로 '지속성continuity'이다. 상대를 앞으로도 계속 봐야 한다면, 이는 관계 중심의 협상이다. 한 번 보고 만다면? 이익 중심의 협상이다.

예를 들어보자. 나는 HSG휴먼솔루션그룹을 창업하

기 전 CEO 전문 교육회사에서 일했다. 여러 주제의 최고경영자과정을 운영했는데, 그중 내가 만든 협상 최고경영자과정이 있었다. 14주 동안 매주 세 시간씩 협상만 배우는 과정이다. 일반적으로 최고경영자과정은 끝날 때 해외로 졸업연수를 떠난다. 우리는 주로 중국 상하이로 갔는데, 한번은 이런 일이 있었다.

첫째 날 일정은 대개 관광이다. 가본 사람들 아마 많을 텐데 와이탄이라고 하는, 배 타고 야경 감상하는 곳을 갔다. 다른 원우들(CEO들)은 배를 타고 나갔고, 나는 몸이 좀 좋지 않아 버스에서 쉬다가 잠깐 밖으로 나왔다. 그때 갑자기 중국인 여성 두 명이 내게 달려들며 외쳤다.

"몽블랑! 몽블랑! 2만 원, 2만 원!"

알다시피 몽블랑은 명품 볼펜이다. 한국 백화점에서 제대로 사면 40만 원을 훌쩍 넘는다. 그런데 아무리 조잡한 모조품이지만 여기선 2만 원이라고 한다. 진짜 놀란 것은 그다음이었다.

"2만 원! 네 개!"

한 개가 아니라 네 개에 2만 원이라는 것이다(역시 대륙은 스케일이 다르다)! 협상 전문가는 결국 얼마에 샀을까?

과감하게 반으로 후려친다. 만 원에 네 개를 얻어냈다.

좀 있으니까, 관광을 마친 CEO들이 돌아왔다. 호텔로 이동하는 버스 안에서 주임 교수인 나는 잠깐 마이크를 잡고 미니 강의를 시작했다.

"역시 인생은 협상의 연속입니다. 좀 전에도 저는 협상을 했습니다. 방금 제가 한 협상이 바로 전형적인 이익 중심의 협상입니다. 왜냐? 제가 저 사람(중국 잡상인)을 볼 일이 다시는 없기 때문입니다. 이럴 때는 과감하게, 사정없이 후려쳐야 합니다. 이전에 배우신 에임 하이, 즉 '첫 제안을 최대한 세게 해야 한다' 기억하시죠?"

나의 열강이 계속되고 있는데, 분위기가 좀 이상하다. 서로 눈빛을 교환하며 키득키득 웃는다. 좀 있다 이유를 알게 됐는데, 자기들은 만 원에 여섯 개씩을 받았다는 것이다! 단체라는 바잉 파워를 이용해서….

호텔로 가는 버스 안에서 나의 얼굴은 내내 불타올랐다. 이들은 내가 우리나라 최고의 협상 전문가라고 믿고 있는 분들이다. 그래서 내 강의를 14주나 들었다. 이들 앞에서 공식적인 망신을 당한 셈이다.

뭔가 만회가 필요했다. 마지막 날 우리는 상하이의 관

광 명소로 알려진 신톈디에 들렀다. 주변에 짝퉁 물건을 파는 쇼핑몰이 많은 곳이다. 거기서 나는 뭔가를 증명해야 한다는 생각이 들었다. 그래서 내가 직접 한 가게에 가서 협상에 나섰는데, 거기서는 특A급 페라가모 짝퉁 금색 벨트를 팔고 있었다. 가격은 300위안, 우리 돈으로 대략 5만 5,000원이다. 나는 그날 300위안짜리 A급 짝퉁 벨트를 단돈 20위안에 샀다! 다들 그러는 거 아니냐고? 아니다. 아무리 짝퉁 시장이지만 특A급 제품은 많이 안 깎아준다. 다른 사람들은 대부분 200위안 언저리에서 샀는데, 나 혼자 20위안에 산 것이다.

그날 내가 가게 주인에게 한 말은 딱 한 마디였다. 뭐라고 말했을까? 답은 '가이드'였다. 함께 온 CEO 일행을 쭉 가리키면서 "아임 코리안 가이드"라고 말했다. 그랬더니 가게 주인이 환한 미소를 지으며 내게 '기프트'라고, 그냥 가져가라는 제스처를 보였다. 그런데 공짜로 갖고 오면 운이 나쁠 것 같아 주머니에 있는 20위안을 주고 온 것이다.

핵심은 이거다. 내가 '가이드'라고 말하는 순간, 짝퉁 가게 주인 입장에서 이익 중심의 협상이 관계 중심의 협상으로 급변했다. 그래서 협상학에선 말한다. "뛰어난 협상가란 이익 중심으로 만난 사람을 관계 중심으로 바꿀 수 있는 사람"이라고.

이렇게 장황하게 내 얘기를 하는 이유는 따로 있다. 당신은 관계 중심의 협상을 하는가, 아니면 이익 중심의 협상을 하는가? 만약 관계 중심의 협상을 한다면 지난번에 배운 에임 하이, 즉 '첫 제안은 무조건 높게, 세게 하라'는 명제를 머릿속에서 지워버리는 게 나을 수도 있다.

협상학에선 말한다. "관계 중심의 협상에선 에임 하이 하지 말라"고. 왜일까? 당연한 얘기다. 터무니없는 에임 하이는 자칫하면 앞으로 계속 만나야 할 상대와의 신뢰를 훼손할 수 있기 때문이다. 그래서 협상 고수들은 관계 중심의 협상에선 에임 하이 하지 않는다. 만약 에임 하이를 하더라도 상대가 100퍼센트 납득할 수밖에 없는 완벽한 L&G, 즉 논리와 근거가 있을 때만 한다.

당신의 협상 상대를 떠올려보자. 앞으로 계속 만나야 할 사람인가? 그렇다면 이는 관계 중심의 협상이다. 관계 중심의 협상에선 단기간의 경제적 이익보다 신뢰나 평판이라는 오래가는 가치가 훨씬 더 중요하다. 신뢰를 지키며 착하게 살자는 도덕적 얘기가 아니다. 신뢰와 평판을 중시할 때 오히려 내가 많은 것을 얻을 수 있다는 실질적인 얘기다.

가족이 두 배 더 행복해지는 협상 기술

협상은 딱딱한 테이블 위에서 오가는 것만 가리키는 게 아니다. 친구와 여행지를 정하거나 동료와 점심 메뉴를 고를 때도 우리는 각자의 의견을 관철하기 위해 노력한다. 가장 많은 시간을 함께하는 가족 간 협상은 그야말로 일상이기도 하다. 그렇다면 행복한 가족 관계를 위한 협상 기술이 따로 있지 않을까? 여기에 그 기술을 공개한다.

"협상은 내가 원하는 바와 상대가 원하는 바가 다를 때 설득을 통해 나의 것을 극대화하는 작업이에요. 협상을 잘한다는 것은 상대의 마음을 움직이는 기술이 뛰어나다는 뜻이죠."

최철규 대표는 협상 전문가다. 미국 미시간 경영대와

샌디에이고 주립대에서 협상교육과정을 수료한 뒤 기업인들에게 협상 강의를 진행하고 있다. 국내에서는 아직 낯설지만 미국 등 경영 선진국의 웬만한 종합대학에는 협상 관련 과목이 개설돼 있다.

성공과 행복은 타인과의 관계에 의해 좌우된다. 원하는 관계를 만드는 능력이 있다면 이상적인 삶에 반쯤은 도달한 셈이다. 협상은 관계를 해치는 갈등을 다루는 비책이며, 그런 의미에서 놓칠 수 없는 삶의 기술임이 분명하다.

이는 국가 간 관계, 비즈니스상 일 처리뿐 아니라 가족 구성원 간 조화를 위해서도 중요하다. 흔히 겪는 가족 간 갈등을 협상으로 지혜롭게 극복하는 방법을 최철규 대표에게 배웠다.

마음에 차지 않아도 일단은 공감하라

앞에서보다 뒤에서 세는 것이 더 빠른 성적표를 들고 온 아들. 노력만큼 결과가 좋지 않은 것 같아 안쓰러운 마음을 뒤로하고 좋게 타일러본다. 하지만 "해도 안 되는 걸

어떡해!"라며 쏘아붙이는 아이. 반성의 기미 없이 당당한 반응에 그만 "엄마는 네 시간 자며 공부했다", "최선을 다하고도 이 성적이 나온다는 게 말이 돼?"라며 아이에게 상처를 주고 말았다.

관계와 이익. 모든 협상은 이 두 가지를 목표로 삼으며, 둘은 보통 반비례한다. 예컨대 시장에서 물건값을 깎을 때는 상인과의 관계보다 이익을, 오랜 비즈니스 파트너와의 협상에서는 순간의 이익보다 관계를 우위에 둔다. 가족 간 협상과 기타 협상의 가장 큰 차이점은 이 둘 사이의 무게중심에 있다. 혈연으로 뭉친 가족은 중심이 자연히 관계 쪽으로 쏠린다.

"다른 협상은 잘하면서 가족과 하는 협상에서는 '꽝'인 사람이 있어요. 가족은 나를 당연히 이해할 것이라는 생각에 감정적으로 대응하기 때문이죠. 이슈에 대한 불만을 사람에게 전가하면 협상 수준이 떨어지기에 이슈와 인간관계를 분리하는 것은 협상의 기본이에요. 가족 간 협상에서 가장 많이 저지르는 실수가 이 부분이죠."

가족 간 협상에는 대안이 적다는 것도 관계를 중요하게 하는 요소다. 협상을 성사시키는 관건은 배트나, 즉 상대방을 매료할 만한 대안이다. 나와 상대의 욕구를 어떻게 조절하느냐에 따라 협상에는 수많은 배트나가 존재한다. 하지만 가족 간 협상에는 이 배트나가 제한적이다. 이견을 좁히기 위해 혈연을 끊거나 집을 나가는 등의 행동을 한다면 관계를 망칠 수 있기 때문이다. 이렇듯 가족 간에는 누구도 일방적인 협상력을 가질 수 없기에 감정 조절이 중요하다.

그렇다면 관계에 중점을 둔 협상은 어떻게 해야 할까. 최 대표는 이에 대해 '먼저 공감한 뒤 인정 여부를 결정할 것'과 'You-메시지보다 I-메시지를 쓸 것'이라는 두 가지 방법을 제시했다.

"공부를 해도 성적이 오르지 않는다는 아이에게 싫은 소리를 하는 것은 협상 원칙에 맞지 않아요. 상대의 반응에 공감하는 절차를 빠뜨렸기 때문이죠. '너는 최선을 다했다고 생각하는구나'라고 공감하면 상대를 설득할 여지가 생기지만, 바로 평가를 한다면 견해차를 좁힐 가능성마저 없어지니까요."

I-메시지를 쓰는 것도 공감하기와 관련이 있다. I-메시지는 나의 감정을 상대에게 충실히 전달하는 화법으로,

팩트를 근거로 하여 나의 감정과 의도를 전달하는 절차를 따른다. 예컨대 남편의 늦은 귀가가 불만이라면 이렇게 말한다.

"일주일 내내 새벽 두 시에 들어오고 있다."

"그래서 나는 당신의 건강과 안전이 걱정된다."

"그러니 귀가시간을 당기거나, 만약 늦으면 꼭 전화를 해줬으면 좋겠다."

이에 비해 You-메시지는 하나의 행동으로 상대의 정체성을 판단하는 것. 예컨대 늦게 들어오는 남편에게 "당신은 역시 안 돼"라고 말하거나 늦잠 자는 아이에게 "너는 게을러"라고 단정하는 것이다.

숨은 욕구를 공략하라

시어머니가 하와이에 가고 싶다고 하시는데 나는 홋카이도로 갔으면 한다. 하와이는 거리가 멀어 시간도 많이 걸리고 지난번에 다녀왔기 때문이다. 내가 싫어하는 기색을 눈치챈 시어머니의 심기가 불편해져 여행은커녕 한동안 냉전을 겪어야 했다.

숨을 헐떡이며 상점에 들어와 "콜라 있어요?"라고 묻는 고객은 꼭 콜라만을 원하는 것은 아니다. 그가 원하는 것은 목을 축일 무언가다. 이렇게 눈에 드러나는 경우가 아니라도 모든 행동에는 숨겨진 욕구가 있다.

협상에서는 이 욕구를 이해하는 것이 중요하다. 많은 사람이 협상을 할 때 단순히 요구하는 것에만 초점을 맞추는 실수를 저지른다. 그런데 겉으로 드러나지 않는 상대의 욕구를 읽을 수 있다면 협상이 성공할 가능성이 커진다.

"아내가 남편에게 '아이가 말을 안 듣고 시어머니가 잔소리를 해서 힘들다'고 불만을 토로합니다. 그러면 대부분의 남편은 '도우미 아주머니를 불러줄까? 어머니한테 전화해서 고충을 전할까?'라고 반응하죠. 하지만 아내가 원하는 것은 그런 해결책이 아닙니다. 내가 집에 있지만 이러한 힘든 점이 있으니 내 존재감과 힘든 부분을 공감하고 위로해달라는 뜻이죠. 이렇듯 협상에서도 말로 드러내는 요구만 단순히 해석하면 상대의 마음을 읽을 수 없어요."

요구와 욕구를 구분하는 것은 말처럼 쉽지 않다. 속내

를 그대로 드러내면 좋겠지만, 협상을 할 때면 본능적으로 진심을 숨기기 때문이다. 이때 도움이 되는 것이 질문과 경청이다. 상대방의 입장에서 경청하고 '왜', '어째서'라는 질문을 하다 보면 숨겨진 욕구가 조금씩 모습을 드러내게 된다.

협상과 관련된 욕구뿐 아니라 기존의 다른 욕구를 찾아내는 방법도 유익하다. 세상에는 여러 가치가 있으며, 사람들이 중요하게 생각하는 가치는 저마다 다르다. 이런 가치들을 자극하면 현재 진행하는 협상에서 유리한 고지를 점할 수 있다.

"본인은 홋카이도로 여행을 가고 싶은데 상대는 하와이에 가고 싶어 합니다. 하와이에 가고 싶다는 요구 뒤에는 로맨틱한 분위기를 즐기고 싶다거나 친구에게 자랑하고 싶다는 욕구 등이 있을 수 있겠죠. 의견 조정을 할 때 본인이 하와이에 가기 싫은 이유에 초점을 맞추면 설득이 힘들어요. 대신 상대방이 중요하게 생각하는 다른 이유를 대면 이야기가 수월해지죠. 예컨대 하와이는 자외선이 강해 피부가 망가지지만 홋카이도에 가서 온천을 하면 건강과 피부 모두 좋아질 거다, 경비가 절감되면 그 돈으로 면세점 가서 선물을 사드리겠다, 어머니 오랜 시간 비행하면 힘드실 것 같다 등 아름다움·쇼핑·건강 등의 다른 기본 욕구를 공략하는 거죠."

특히 시어머니와 견해차가 있을 때는 남편과 아이의 편의에 초점을 맞춰 설득하는 것이 좋다. 시어머니의 욕구는 며느리의 그것보다 아들의 행복과 편의를 향해 있기 때문이다. 주말에 지방에 내려오라는 요구에 따르기 힘들다면, 아이 시험이 있다거나 남편이 피곤하다는 이유를 대라. 그러면 대부분 통한다.

우리나라 사람이 협상에 약한 데는 순응이 미덕으로 통하는 사회 분위기와 '좋은 게 좋은 거'라는 기질적인 이유 등이 있다. 가족 간에는 이런 이유들이 극대화된다. 세상에 둘도 없는 가족이니, 기분 상하지 않게 양보하는 것을 당연시하는 것이다. 하지만 최 대표는 "감정을 쌓아두면 사소한 것 때문에 순간적으로 폭발합니다. 해결할 일이 있으면 솔직하되 세련된 방식으로 대응해야 해요"라고 말했다. 그는 "처음에는 어색하고 힘들지만 6개월만 노력하면 가족 간 협상이 자연스러워질 것"이라며 협상 잘하는 아이로 키우는 조언을 건넸다.

"협상은 곧 표현이고 논리입니다. 어떤 이야기든 할수 있는 분위기를 만들어주는 것이 중요하죠. 자녀를 윽박질러서 혼나지 않을 이야기만 하는 아이로 키우기보다 실수를 해도 자꾸 질문을 해야 해요. 예컨대 용돈을 올려달라고 말하면 '용돈이 왜 부족하냐', '객관적 기준이 뭐냐' 등을 물어서 자기 생각을 이야기하게 해야 합니다."

＊〈여성동아〉 2009년 7월호에 실린 최철규 대표의 인터뷰 기사를 발췌, 요약하였다.

협상 테이블에서 해선
안 될 세 가지 행동

적극적 거짓말과 소극적 거짓말부터 구분하라

무슨 일이든 잘하기 위해선 뭘 해야 하는지 아는 게 상당히 중요하다. 하지만 해야 할 것을 하는 것만으로는 완벽하지 않다. 하지 않아야 할 것을 하지 않는 것 역시 그만큼이나 중요하다. 지금부터 협상 테이블에서 절대 해서는 안 될 행동 세 가지를 알아보자. 미숙한 협상가들이 자주 저지르는 실수이기도 하다.

첫째, 감정의 언어가 아닌 판단의 언어를 쓰는 것이다. 18대 대선에서 문재인, 안철수 후보의 단일화 협상에 참여했던 실무자들 간에 이런 얘기가 나온 적이 있다. 협상이 결렬된 후 서로 상대를 향해 사용한 표현이다.

"상대의 언론플레이 때문에 피가 거꾸로 솟는다."

"상대편은 겉과 속이 완전히 다른 사람이다."

협상학적으로 봤을 때 둘 중 뭐가 더 잘못된 표현일까? "(상대 때문에) 피가 거꾸로 솟는다"일까? 아니면 "(협상 상대는) 겉과 속이 완전히 다른 사람이다"일까? 답은 두 번째 '겉과 속이 다르다'라는 표현이다.

이유는 이거다. 협상학에선 "상대에 대해 판단하지 말고, 내 감정을 표현하는 게 낫다"고 말한다. 피가 거꾸로 솟는다는 것은 감정일까, 판단일까? 이것은 나의 주관적 감정이다. 나도 인간인 이상 '분노'라는 감정을 느낄 수 있다. 반면 '겉과 속이 다르다'는 것은 상대의 본질에 대한 나의 판단이다. 입장을 바꿔놓고 보면, 상대가 나를 '너는 어떤 인간'이라고 규정하는 셈이다. 누군가 나의 본질을 '낙인' 찍는 일, 이것은 인간이 경험할 수 있는 가장 불쾌한 일이다. 협상에선 서로 간의 인간관계를 끝장나게 한다.

물론 가정에서도 마찬가지다. 남편이 일주일에 5일을

술 먹고 새벽 한 시에 들어왔다고 가정하자. 이때 부인이 협상의 원리를 모르면 이렇게 말한다.

"당신은 가정을 우습게 아는 이기적인 사람이야."

여기서 질문! 그 남편은 정말 가정을 우습게 여기는 사람일까? 아니다. 부인의 '판단'이다. 반면, 부인이 협상의 원리를 조금만 안다면 이렇게 말할 것이다.

"나는 당신이 술 먹고 늦게 들어오는 걸 볼 때마다 너무 화가 나고, 당신과 결혼한 게 후회돼."

차이가 느껴지는가? 화가 나고 후회되는 것은 나의 감정이다.

다시 협상 테이블로 돌아가자. 협상 상대가 이전에 했던 약속을 어겼다고 가정하자.

나쁜 협상가는 판단의 언어를 쓴다.

"약속을 우습게 여기는 분이군요!"

좋은 협상가는 감정의 언어를 쓴다.

"약속을 어기시니 실망스럽고 화가 납니다!"

이처럼 감정을 말하면 내가 원하는 메시지를 전달하면서도 상대와의 관계가 단절되는 걸 막을 수 있다.

둘째, 협상 테이블에서 '귓속말'을 하는 것이다.

팀 대 팀으로 협상을 하다 보면 같은 팀원끼리 귓속말을 하는 경우를 종종 보게 된다. 실전 협상에서 좋은 협상가는 귓속말을 하지 않는다. 이유는 뭘까? 귓속말은 괜한 오해를 불러일으키기 때문이다. 상대가 뭔가 '대단한 음모'를 벌이고 있다는 느낌을 준다는 얘기다. 비록 팀원끼리 "야, 협상 끝나고 짜장면 먹을래, 짬뽕 먹을래?" 같은 얘기를 나눴더라도 말이다.

협상 중에 같은 팀끼리 급하게 상의할 게 있으면, 종이에 써서 소통하는 게 낫다. 또는 양해를 구해 협상을 잠깐 중지하고 휴식시간을 갖는 게 좋다.

셋째, 협상 테이블에서 적극적 거짓말을 하는 것이다.

적극적 거짓말과 소극적 거짓말을 구분할 수 있는가? 적극적 거짓말이란 A인데 B라고 주장하는 것이다.

예를 들어보자. 어떤 연예인이 음주 운전을 했고, 밤에 경찰서에 가서 조사를 받았다. 그걸 눈치챈 디스패치의 기자가 전화를 걸어 이렇게 묻는다.

"어젯밤에 음주 운전 하다가 경찰서까지 갔다던데, 사

실인가요?"

적극적 거짓말은 이런 거다.

"무슨 얘기 하시나요? 저 어제 촬영 분량이 많아 밤새 도록 촬영장에 있었어요. 촬영장에서 1미터도 벗어난 적이 없어요."

반면, 소극적 거짓말이란 A인데 A라고 정확히 밝히지 않는 것이다.

"지금은 촬영이 바빠 그런 이슈에 대해 말씀드리기가 그렇네요."

협상을 하다 보면 나도 모르게 거짓말을 할 때가 있다. 내게 유리한 상황이나 논리를 만들기 위해서다. 하지만 협상 테이블에서 하는 거짓말은 마약과 같다. 순간은 좋을지 몰라도, 길게 봤을 때 적극적 거짓말은 협상을 완전히 망친다. 왜일까? 거짓말은 언젠가는 드러나기 마련이며, 그때 상대와 나 사이의 '신뢰'가 사라지기 때문이다.

상대가 내게 불리한 정보를 묻더라도 절대 적극적 거짓말을 하면 안 된다. 차라리 '말할 수 없는 입장'이라며 침묵하는 게 낫다.

골프 얘기를 조금만 해보자. 골프를 잘 치려면 어깨 턴을 잘해야 하고, 체중 이동을 잘해야 한다. 하지만 그만큼이나 중요한 게 하체 스웨이를 하지 않고, 헤드 업을 하지 않는 거다. 골프나 협상이나 마찬가지다. 하지 않아야 할 것을 하지 않는 게 중요하다.

18강

우리 딸이 갈소원보다
예쁜 이유

왜 미셸 오바마는 중국에서 붉은 드레스를 입었을까?

협상하면서 이런 경험을 한 적 아마 있을 것이다.

상대가 무슨 말을 하는데, 논리적으로 완벽하다. 자료를 들이미는데, 정말로 한 치의 오차도 없다. 우리 회사의 기밀 서류를 나보다 더 많이 갖고 있는 것 같고, 앞뒤가 딱딱 맞는 말만 한다. 그런데…, 문제가 있다. 상대가 얘기를 하면서 한 번씩 씨익 웃는데, 웃을 때 보이는 오른쪽 송곳니가 왠지 모르게 비열해 보인다. 7년 전에 내 돈 50만 원 떼먹은 사람하고 똑같이 생겼다.

어떤가? 상대의 제안을 받아들이기 쉬울까? 절대 쉽

지 않다. 인간은 그런 동물이다. 아무리 상대가 이성적으로 완벽해도, 뭔가 내 감정에 거슬리면 그 협상은 어려워진다. 몇 년 전 나와의 대담에서 다이아몬드 교수도 이렇게 말했다.

"우리가 사는 세상은 그렇게 이성적이지 못하다. 기존의 협상 모델은 인간을 지나치게 이성적인 존재로 한정하고 있는 게 문제다. 하지만 사람은 그렇게 이성적인 존재가 아니다. 논리에 집중했을 때보다 감정을 중시할 때 네 배 정도 더 많은 이익을 얻게 된다는 연구 결과도 있다."

당신도 이 말에 공감하는가? 그렇다면 이제 질문이 생긴다. 어떻게 해야 협상 테이블에서 상대가 나에 대해 좋은 감정을 갖게 될까? 협상학에선 두 가지 방법을 이야기한다.

첫 번째는 미러링mirroring 원리를 활용하는 것이다. 미러링이란 말 그대로 내가 상대의 거울이 되어주는 기법이다. 상대에게 내가 그와 비슷한 사람이라는 동질감을 심어줘 나에 대한 호감을 극대화하는 방법이다.

예를 들어보자. 고 정주영 회장은 1989년에 소련을 방문했다. 경제협력을 이끌어내기 위해서다. 소련에 도착해서 당시 그 나라 최고 실력자인 프리마코프를 만났다. 만약 당신이 정주영 회장이라면 자신을 어떻게 소개하겠는가? 정 회장은 이렇게 소개했다.

"나는 한국에서 온 프롤레타리아 출신이다."

프롤레타리아라고? 정주영 회장은 당시 한국 최고의 부르주아, 즉 자본가였다. 프리마코프가 이 말을 듣고 황당해 하자, 정 회장이 설명한다.

"나는 가난한 농부의 자식으로 태어나 노동으로 돈을 벌었다. 물론 이후에 기업을 일으켜 지금은 돈이 많긴 하지만 열심히 일해서 돈을 번 '부유한 노동자'일 뿐이다."

정 회장은 자신을 왜 이렇게 소개했을까? 노동자 계급이 주인이라고 믿는 사회주의 국가의 최고 실력자 앞에서 상대와의 공통점을 강조해 호감을 얻어내기 위해서다. 즉, 미러링 기법을 활용한 셈이다. 첫인사를 나눈 순간 자본가라는 이미지를 깬 그는, 이 회동을 밑바탕으로 러시아와의 다양한 경제 협상에 성공하게 된다.

여기서 한번 가정법을 써보자. 만약 정주영 회장이 생

전에 미국의 빌 게이츠를 만났다면 자신을 어떻게 소개했을까?

"나는 한국 최고의 부르주아 정주영이오! 프롤레타리아를 고용해 사업을 일군다는 게 참 쉽지 않죠?"

아마도 이런 식으로 미러링을 활용하지 않았을까?

예를 하나만 더 들어보자. 2014년 3월 미셸 오바마 여사가 중국을 방문했다. 재미있는 건 오바마 대통령이 방중했을 때보다 더 큰 인기와 화제를 모았다는 거다. 방중 기간 내내 중국식 이름인 미셰얼이 검색어 1위를 차지했고, 중국 인터넷 사이트에는 그녀의 방중과 관련된 사진과 동영상, 기사가 10억 건을 넘을 정도였다고 한다. 미셸 여사가 이처럼 방중 외교를 성공시키고 중국인들의 호감을 얻은 데는 미러링 효과가 큰 영향을 미쳤다.

미러링 효과를 불러일으킨 것은 미셸 여사가 방중 때 입었던 붉은색 드레스다. 모두가 알듯 붉은색은 중국에서 부와 권력을 상징하고, 위험에서 벗어나게 해준다는 의미를 가진다. 가장 '중국다운' 색이란 뜻이다. 그녀가 방중 기간에 했던 활동들도 중국 국민들과의 공통점을

의도적으로 강조했다. 탁구, 태극권, 서예 등 상대와의
공통점을 강조해 상대의 호감을 얻어내는 미러링 기법
을 활용했다.

이성적으로 봤을 때 미국 영부인이 빨간 옷 입고, 탁구
를 치고, 태극권을 배우고, 붓글씨를 써보는 게 미·중
관계에 무슨 의미가 있을까? 별 의미 없다. 하지만 감정
은 다르다. 중국인의 관점에서 상대인 미셸 여사가, 더
나아가 미국이라는 국가가 이상하게도 좋게 느껴진다.

혹시 갈소원이라는 배우를 아는가? 영화 〈7번방의 선
물〉에 나왔던 너무나도 예쁘고 귀엽게 생긴 아역배우다.
그런데 나는 갈소원 어린이보다 훨씬 더 예쁘게 생긴 여자아이 한 명을 안다. 누구겠는가? 뻔하다. 나의 딸 최지 안이다. 얼마나 예쁘게 생겼는지, 아이의 프라이버시상 사진으로 보여줄 수 없는 게 안타까울 뿐이다. (정말로 예 쁘게 생겼다.)

그런데 문제가 있다. 뭐냐? 내 눈에만 예쁘다는 것이 다. 우리 부부가 아이를 데리고 밖에 나가면 사람들이 한 마디씩 한다. "엄마는 예쁘게 생겼는데, 딸은…"

남들의 객관적 평가가 이러한데도 왜 내 눈에는 예쁘 게 보일까? 핏줄이니 뭐니 그런 거 아니다. 바로 미러링 때문이다. 내 딸 지안이는 불운하게도 나랑 똑같이 생긴 '미니 미'다. 이런 딸의 얼굴을 볼 때마다 내 입장에선 미러링 효과가 발생하는 셈이다.

내가 아주 좋아하는 협상 관련 명언 중에 이런 말이 있다. 'Emotion matters more than facts.' 사람이 어떤 의사결정을 할 때는 사실도 물론 중요하지만, 감정이 궁 극적으로 더 큰 영향을 미친다는 뜻이다. 우리가 협상을 할 때 자주 잊어버리는 가장 흔한 명제가 이거 아닐까? 결국 협상은 '사람이 하는 것'이다. 그리고 사람이란 우 리가 생각하는 것보다 훨씬 더 감성적인 존재다.

19강

이슈는 미워해도
사람은 미워 마라

"코러스 베이비의 탄생을 축하합니다!"

협상 상대와 좋은 관계를 맺는 두 번째 방법은 이슈와 인간관계를 분리하는 것이다.

까다로운 질문 하나! 상대가 자꾸 거짓말을 하고 무례하게 말한다. 나는 화가 머리끝까지 났다. 이럴 때, 상대에게 내가 화났다는 사실을 표현하는 게 좋을까? 아니면 끝까지 표현하지 않고 포커페이스를 유지하는 게 좋을까?

협상학에서는 '표현하라'고 답한다. 왜일까? 내가 상대 때문에 화가 끝까지 났는데도 이를 표현하지 않는다고 하자. 시간이 지나면 이 화는 허공으로 증발할까? 아니다. 마음속에 켜켜이 쌓인다. 그러다가 어느 순간, 엉뚱한 상황에서 갑자기 '빵' 하고 터진다. 그러면 속사정을 잘 모르는 상대는 어떻게 반응할까?

"갑자기 왜 그러세요? 거참, 이상한 사람이네…."

당연히 이러지 않겠는가? 그러니 화가 났을 때는 그때그때 상대에게 표현하는 게 좋다.

그런데 여기까지만 설명하면 큰일난다. 어떤 사람들은 여기까지만 읽고, 이렇게 말한다.

"잘됐군! 열 받았을 때 화내는 거, 그거 내 전공이지. 난 또 화내면 안 되는 줄 알고 억지로 참았지. 진작에 알았으면 좋았을걸…."

오해하지 말자. 무조건 무식하게, 불같이 화를 내라는 얘기가 아니다. 화를 내더라도 반드시 지켜야 할 원칙이 있다. 그 원칙은 바로 '이슈에 대해선 강하게 얘기하더라도 인간관계는 부드럽게 가져가라'는 것이다. 다시 말해 이슈와 인간관계를 분리하라는 의미다.

예를 들어보자. 한·미 FTA 협상과 관련된 얘기다.

FTA 협상이 타결된 후 당시 언론에 실린 사진을 보면 김
종훈, 커틀러 두 수석대표가 환하게 웃고 있다. 상당히
평안해 보이는 장면이지만, 사실 한·미 FTA 협상이 타
결되기까지는 엄청난 갈등이 있었다. 그럼에도 이처럼
유종의 미를 거두게 된 비결 중 하나는 두 수석대표가 이
슈와 인간관계를 분리했다는 점이다.

　대표적인 위기는 쇠고기 뼛조각 수입 이슈가 쟁점으
로 떠올랐을 때다. 당연히 협상은 결렬 직전까지 갔다.
양측 협상단은 이대로 헤어지면 안 되겠다고 판단, 협상
이 끝나고 간단히 맥주 한잔을 한다.

　이런저런 얘기를 나누던 중 커틀러 대표가 이런 말을

한다.

"우리 집에 10대인 아들 녀석이 있는데, 요즘 태권도를 배웁니다. 태권도는 한국 스포츠지요?"

이 얘기를 듣고, 김종훈 본부장은 다음 협상할 때 쇼핑백 하나를 들고 나타난다. 그 안에 뭐가 들었을까? 태권도복이다. 김 본부장은 태권도복과 까만띠를 커틀러에게 선물로 주면서 이렇게 말한다.

"이거 태권도 종주국인 대한민국 국기원에서 공인한 도복입니다. 아드님 갖다 주면 엄청나게 좋아할 겁니다."

선물을 받고 커틀러가 상당히 기뻐했다는 게 외교부 관계자들의 전언이다.

방금 얘기는 언론에 소개되지 않은 일화다. 하지만 지금부터 하는 얘기는 언론에서 접한 적이 있을 것이다. 한·미 FTA 5차 협상이 파행을 겪을 때, 때마침 한국 협상팀의 젊은 사무관이 득녀를 한다. 만삭인 아내를 집에 두고 미국으로 출장 왔다가 딸을 얻었다는 소식을 듣게 된 것이다.

이 얘기를 듣고 커틀러 대표 역시 쇼핑백 하나를 준비해 온다. 그 안에는 뭐가 들었을까? 예쁜 아기 옷들이었다. 커틀러 대표는 아기 옷을 선물로 주면서 '코러스 베이비'의 탄생을 축하한다고 쓴 편지도 함께 준다. (커틀러가 말한 코러스는 화음 뭐 그런 거 아니다. KORUS, 즉 한국과 미국의 영문 국가명을 줄여서 붙인 말이다.)

그러면서 커틀러 대표는 이렇게 말한다.

"우리 모두 코러스 베이비 세대를 위해서라도 협상을 성공시키자."

그 자리에 있었던 협상팀원 중 한 분이 내게 이런 말을 전했다.

"서로 간의 쟁점이 날카롭게 대립한 협상에서 양측이 만족할 만한 성과를 낼 수 있었던 이유가 그것이었다."

즉 이슈에 대해선 양측 모두 냉정했지만, 인간관계만큼은 좋게 유지한 게 큰 도움이 됐다는 얘기다. 이처럼 성공적인 협상에는 이슈와 인간관계를 분리한 원칙이 적용될 때가 많다.

예를 하나 더 들어보자. 혹시 티윈차라는 지역에 대해 들어봤는가? 에콰도르와 페루 사이에 있는 국경분쟁 지역이다. 이 땅의 소유권을 놓고 양국은 무려 500년간이

나 다퉜다. 그러다가 1998년에야 국경분쟁은 종지부를 찍고 평화가 찾아왔다. 그 평화 협상을 성공시킨 주역이 바로 마후아드 에콰도르 대통령이다. 그가 밝힌 협상 성공의 비결은 의외로 간단했다. 그는 후지모리 페루 대통령을 만나 '우리 입장은 이건데, 너희 입장은 뭐냐?' 하는 식으로 말하지 않았다. 대신 이렇게 말했다.

"8년 동안 페루를 통치하신 노고를 위로드립니다. 반면 나는 대통령이 된 지 불과 4일밖에 되지 않았습니다. 대통령 선배인 당신으로부터 많은 것을 배우고 싶습니다. 두 나라에 평화를 가져다줄 수 있는 묘안은 뭐가 있을까요?"

이렇게 상대를 정치 선배로 대하며 조언을 구하는 행동으로 두 정상은 더 가까워질 수 있었다.

협상을 성공시키는 데 결정적인 영향을 끼친 또 하나의 이벤트가 있었다. 바로 사진이다. 양국 정상은 머리를 맞대고 함께 논의하는 모습을 사진으로 남겼고, 각국 언론에 실렸다(물론 인위적으로 연출된 장면이다). 이 사진이 전하는 메시지는 단순했다.

"이제부터 두 정상은 적이 아닌 양국의 평화라는 공동

의 목적을 가진 동지다!"

국민들은 평화에 대한 기대를 갖게 됐고, 양국 정상에게 절대적 지지를 보내게 됐다. 오해하지 말자. 에콰도르 대통령이 페루 대통령의 요구를 무조건 들어줬다는 얘기가 아니다. 이슈에 대해선 엄격했지만, 사람에 대해선 부드러웠다(선배로 예우해줬다)는 뜻이다.

협상에서 이슈와 인간관계를 분리하는 게 왜 중요한지 진짜 이유를 생각해보자. 협상이란 서로 간의 첨예한 요구가 부딪히는 행위다. 그러니 기본적으로 서로가 서로에 대해 마냥 행복한 감정을 가질 수는 없다. 이런 상황에서 만약 인간관계까지 완전히 망가진다면 어떻게 될까? 서로 다시 만날 수 있는 다리가 완전히 끊겨버리는 형국이 된다. 요구가 맞지 않아 떠났다면, 그 사람은 언제든 다시 돌아올 수 있다. 하지만 상대가 싫어 떠난 사람은 다시 돌아오기가 어렵다.

부부 관계도 그렇지 않은가? 남편의 어떤 특정한 행동이 싫어 헤어지자고 했던 부인은 언젠가 남편의 그 행동이 바뀌면 다시 사랑하며 산다. 하지만 남편이라는 그 사람 자체가 싫어서 헤어지자고 말했다면? 부부로서 함께 행복한 삶을 꾸리긴 힘들다.

그런 말도 있지 않은가. 죄는 미워하되, 사람은 미워하지 말라. 이슈에 대해선 엄격해도 좋다. 하지만 협상 상대는 부드럽게 대해야 한다. 유능한 협상가는 고통스럽더라도 이 원칙을 지킨다.

사악한,
그래서 알아야 하는

⧗

협상 테이블에 자주 등장하는 세 가지 공격적 술책

포커와 협상의 공통점은 뭘까? 어떤 사람들은 블러핑, 즉 '(좋은 패가) 없어도 있는 척 무조건 세게 질러야 하는 것'이라고 말한다. 이런 주장에 나는 별로 동의하지 않는다. (나름 포커 전문가로서 하는 말이다.) 내가 생각하는 협상과 포커의 공통점은 두 가지다. 하나는 자기 나름의 베팅 원칙이 있어야 한다. 다시 말해 협상도 포커도 나름의 자기 규율이 있어야 한다. 둘째는 그러면서 동시에 상대를 알아야 한다. 즉 상대의 게임 스타일이나 상대가 즐겨 쓰는 거짓 수법을 파악해낼 수 있어야만 허무하게 지지 않는다는 얘기다.

지금부터 협상할 때 자주 등장하는 대표적인 세 가지 거짓 술책, 즉 사술詐術에 대해 알아보자.

첫 번째 사술은 스트레스 기법이다.

중국과 미국의 핑퐁 외교가 한창이던 1970년대, 미국 협상단은 정회 시간마다 괴로운 얼굴로 협상장을 빠져나와 숨을 헐떡였다. 담배 때문이었다. 사방이 꽉 막힌 공간이었음에도 중국 협상단은 끊임없이 담배를 피워댔다. 담배만 피웠으면 견딜 만했을지도 모른다. 진짜 문제는 따로 있었다. 중국 협상단은 협상을 진행하는 내내 가래침을 뱉어댔다. 그것도 속이 훤히 보이는 투명한 유리컵에다…. 가래침 가득한 투명 유리컵을 볼 때마다 미국 협상단은 완전히 질려버렸다. (아! 집에 가고 싶다는 생각이 들었을지도.)

이것이 바로 협상학에서 말하는 스트레스 전술이다. 스트레스 전술을 사용하는 목적은 크게 두 가지다. 하나는, 상대의 평정심을 깨뜨려 이성적 판단을 하지 못하도록 만드는 것이다. 다른 하나는, 상대가 이 지옥 같은 협상장에서 빨리 벗어나고 싶어지도록 만들어 더 많은 양보를 얻어내기 위해서다. 무더운 여름날 협상 장소를 일부러 에어컨이 고장 난 방으로 섭외한다거나, 볼펜을 딱딱거리며 신경 쓰이게 하는 것도 스트레스 전술의 일종이다.

내가 개인적으로 실전 협상에서 가장 싫어하는 스트레스 전술의 요소는 '밥'이다. 남의 나라에 와서 시차 적응도 안 되고 배고파 죽겠는데, 밥도 안 주고 계속 시간을 끌면 평정심을 유지하기가 쉽지 않다. 정말 치사한 전술이다.

두 번째 사술은 '굿 가이 배드 가이Good Guy Bad Guy' 기법이다.

이 전술은 경찰서 가면 흔히 볼 수 있다. 먼저 험상궂은 형사가 들어와 피의자를 심문하기 시작한다. 배드 가이가 먼저 등장해 욕설을 뱉어대며 몰아세운다. 얼마쯤 지나면 마음 좋게 생긴 형사, 즉 굿 가이가 나타나 험상궂은 형사를 내보내고 피의자와 마주 앉는다. 굿가이는 소품이 중요하다. 착하게 생긴 형사는 주머니에서 뭔가를 꺼낸다. 바로 담배다. 그는 천천히 담배 한 개비를 꺼내 피의자의 입에 물려주며 이렇게 말한다.

"저 친구(배드가이 형사) 정말 너무 하네. 많이 힘들었지? 더 시달리지 말고 그냥 속시원하게 털어놔. 그래야 저 친구 다시 안 만나지, 안 그래?"

그러면 피의자는 담배를 한 모금 빨고 슬슬 자백을 시작한다.

이 전술이 먹히는 이유는 간단하다. 바로 '대조 효과' 때문이다. 대조 효과란 별거 아니다. 예를 들어 내 키가 175센티미터다. 이 키로 미팅에 나가야 하는데, 상대방에게 내 키가 커 보이게 하려면 어떻게 하면 될까? 간단하다. 165센티미터짜리 친구를 옆에 세우면 된다. 반대로 상대가 내 키를 아담하게 느끼게 만들고 싶다면? 185센티미터짜리 친구를 옆에 세워놓으면 된다.

협상 테이블에서도 마찬가지다. 아주 무리한 요구를 하는 나쁜 상대, 즉 배드 가이 옆에 나의 말을 조금이라도 잘 들어주는 착한 사람, 즉 굿 가이가 있다면 인간의 뇌는 착한 사람의 제안을 아주 좋은 것으로 인식하게 된다. 비록 그 제안이 별거 아니더라도 말이다.

여기서 핵심은 이것이다. 당신은 앞으로 협상할 때 상대편의 굿 가이와 배드 가이 중 누구를 더 조심해야 할까? 답은 굿 가이다. 앞의 배드 가이가 던지는 말은 굿 가이의 말을 돋보이게 하기 위한 미끼일 가능성이 크다. 진짜 상대편이 원하는 것은 굿 가이가 전달할 가능성이 높다는 얘기다.

예를 들면 이런 거다. 당신은 집을 4억 원에 팔려고 했다. 그런데 집을 보러 온 부부 중에 남편이 3억 5,000만 원을 제시한다. 배드 가이 역을 맡은 것이다. 그 제안에 당신은 화가 난다. 그때 옆에 있던 인상 좋아 보이는 부인이 3억 8,000만 원을 제시한다. 굿 가이다. 부인의 말에 당신은 마음이 조금 누그러질 것이다. 하지만 당신은 부인의 제안을 매력적으로 느껴선 안 된다. 왜냐면 여전히 당신의 원래 목표치에는 못 미치기 때문이다.

세 번째는 니블링nibbling 기법이다. 니블은 우리말로 하면 '뭔가를 야금야금 씹다'라는 의미다. 니블링은 협상의 마지막 순간에 작은 것을 요구해 얻어내는 기법이다.

예를 들어보자. 당신이 양복점 주인인데, 손님 한 명

이 들어와 두 시간이 넘도록 옷을 몇 벌이나 입어보고 있다. 그러더니 가게 문 닫기 10분 전에 고기의 양복 한 벌을 골라 신용카드와 함께 내민다. '와, 이 사람 드디어 사는구나'라며 기쁜 마음으로 결제하려는 순간, 손님이 갑자기 '스톱'을 외친다. 그리고 말한다.

"비싼 양복 사는데, 넥타이 하나 서비스로 주시죠."

이게 바로 니블링이다. 만약 당신이 양복점 주인이라면 어떻게 하겠는가? 대부분의 사람은 받아들인다. 왜일까? 경제학에서 말하는 매몰비용sunken cost 때문이다. 지금까지 이 사람한테 들인 노력이 얼만데, 이거 하나 안 줘서 결렬된다면? 지금까지 두 시간이나 비위 맞추며 쳐다보고 있었던 게 너무 아까운 것이다. 실제로 내가 협상 컨설팅을 하다 보면 노사 협상, 구매 협상에서 이런 니블링 기법이 자주 등장한다.

상대가 내게 니블링 기법을 쓰면 당신은 어떻게 대응할 것인가? 별거 아니니까 그냥 주고 말 것인가? 아니다. 협상학에선 "니블링은 역니블링으로 대응하라"고 말한다. 예를 들어, 넥타이를 요구하는 손님에게 이렇게 말하면 된다.

"역시 손님은 보는 눈이 있으시네요. 이 양복에는 이 넥타이가 딱이죠. 그렇다면 이 타이에 너무 잘 어울리는 셔츠 한 벌 더 사시죠. 그럼 제가 넥타이는 서비스로 드릴게요."

지금까지 말한 세 가지가 협상 테이블에서 자주 등장하는 대표적인 사술이다. 이들 사술을 실전 협상에서 적극적으로 쓰는 게 좋을까? 아니다. 알고 있는 게 중요하다. 알고 있어야 하는 이유는 뭘까? 손자가 이미 말했다. '지피지기知彼知己면 백전불태百戰不殆', 즉 나를 알고 상대를 알면 적어도 위태롭지는 않다고. 만사가 그렇듯, 협상에서도 어떤 사술이 있는지를 알고 있어야 당하지 않는다.

실제로 협상을 해보면 그렇다. 질이 나쁜 협상가들은 짧은 협상에서도 수많은 사술을 사용해 상대를 무너뜨리려 한다. 상대가 온갖 기교를 부리며 협상을 한다 하더라도 두려워할 필요 없다. 아는 만큼 보이는 법이다. 협상의 원리를 아는 사람에게 상대의 사술, 즉 비열한 기교는 단지 '애교'일 뿐이다.

덜 사악한,
하지만 알아야 하는

협상 테이블에서 쓸 수 있는 방어적 술책

지난 글에선 협상학에서 말하는 대표적인 세 가지 사술에 대해 설명했다. 이들 사술에는 공통점이 있다. 혹시 발견했는가? 바로 '공격성'이다. 가만히 있는 상대를 공격할 때 쓰는 기술이라는 얘기다. 그래서 지금부터는 '방어' 얘기를 하려 한다. 협상할 때 방어적으로 쓰기에 좋은, '덜 사악하지만' 알아두면 도움되는 두 가지 기법이다.

첫 번째는 플린칭^{flinching}이다.

당신은 물건을 파는 사람이다. 개당 10만 원에 팔고 싶다. 상대에게 "얼마에 살 거냐?"고 물어보니 상대가 "7만 원"이라고 대답한다. 이때 당신의 반응은 둘로 나뉠 수 있다.

하나는 아무런 말도, 표정도 없이 묵묵히 7만 원을 수첩에 적는 것이다. 그러면서 생각한다.

'아니, 겨우 7만 원? 이 사람 칼만 안 들었지 완전히 강도네, 강도. 좀 있다 나도 세게 불러야지.'

다른 하나는 크게 리액션을 보이는 것이다.

"네? 7만 원요?"

그러면서 거의 충격으로 실신할 듯한 모습을 보여준다.

선택해보자. 둘 중에 뭐가 더 좋을까? 협상학에서는 당연히 후자, 즉 "깜짝 놀라는 반응을 보여줘야 한다"고 말한다. 그리고 이를 플린칭 기법이라 부른다. 플린치는 우리말로 하면 '움찔하다'라는 뜻이다. 플린칭 기법은 실전에서 효과를 발휘할 때가 꽤 많다. 왜일까?

좀 전의 사례로 돌아가 보자. 상대가 7만 원 불렀다. 이때 내가 묵묵히 받아 적고만 있다. 그러면 상대는 속으로 이렇게 생각할 확률이 높다.

'오호, 요것 봐라? 잘하면 되겠는데…?'

반면 내가 깜짝 놀라는 반응을 보인다. 그러면 상대는 속으로 이런 생각이 든다.

'아이구, 내가 너무 심했구나. 8만 5,000원 부를 걸….'

인간은 이성의 동물이다. 협상 상대가 뭔가 논리적인 자료를 들이밀 때 인식이 바뀐다. 하지만 인간은 동시에 감성의 동물이다. 따라서 누군가가 내 앞에서 청각적, 시각적으로 반응을 하면 속으로 '어이쿠, 이게 아니구나!' 이런 감정이 생긴다. 이런 마음의 원리를 활용하는 게 바로 플린칭이다.

협상에서 가장 강력한 플린칭은 뭘까? 상대의 제안을 듣자마자 벌떡 일어서는 것이다. 몸으로 뭔가를 보여주는 거다. 가장 약한 플린칭은? 상대의 말을 그대로 반복 repeat하는 것이다. 예를 들어 상대가 "개당 7만 원에 합시다"라고 했다면, "네? 7만 원요?" 이런 식으로 따라 하는 것이다.

나는 우리나라 사람들과 협상할 때 플린칭을 쓰는 협상가를 거의 보지 못했다. 이유는 뭘까? 체면 때문이다.

그런데 서양 사람들과 협상을 하다 보면 상당수가 플린칭 기법을 쓴다. 무슨 말만 하면 "쏘리, 아유 슈어? 오우 마이 갓" 등의 표현을 한다. 어떤 사람들은 이를 두고 "민족성이 경박해서 그래"라고 얘기하는데, 그게 아니다. 이는 민족성과는 아무런 상관이 없다. 단지 협상 훈련을 받았기 때문에 그렇게 하는 것이다. 실전 협상을 하다 보면 말로 하는 백 마디 거절보다 한 번의 플린칭이 더 효과적일 때가 많다.

두 번째는 권한위임이다.

예를 들어보자. 당신은 중소기업의 영업담당 이사이며, 기계장비를 팔려고 한다. CEO는 당신에게 모든 권한을 줬다. 당신은 거래처를 방문하여 첫 제안가격으로 대당 10억 원을 불렀고, 속으로 생각하는 희망가격은 9억 원이다. 협상 테이블에서 클라이언트가 말한다.

"대당 8억 8,000만 원이면 지금 당장 5대 계약하겠습니다. 이 자리에서 결정하시죠."

희망가격에는 못 미치지만, 그렇다고 나쁜 가격도 아니다. 이때 당신의 선택은 다음의 둘 중 하나다.

"모든 결정권은 제가 갖고 있습니다. 8억 8,000만 원에 시원하게 서명합시다!"

"죄송한데, 가격을 결정하는 건 제 권한 밖의 일입니다. 본사에 좀 물어본 후 확답을 드려도 될까요?"

둘 중에 뭐가 더 프로다운 협상법일까? 답은 후자, 즉 나한테 권한이 없다고 말하는 것이다. 이를 협상학에서 권한위임 기법이라 한다. 일반적으로 리더십에서 말하는 권한위임이란 권한을 밑으로, 즉 아랫사람에게 떨어뜨리는 방법이다. 하지만 협상학에서 말하는 권한위임은 반대다. 권한을 위로 올린다. 사실은 내가 권한을 갖고 있지만, 내가 최종 결정권자가 아니라고 발을 빼는 기법이다. 어떤 학자들은 이를 'No authority' 기법이라고 부른다.

이 권한위임 기법이 실전 협상에서 효력을 발휘하는 이유는 뭘까? 세 가지다. 첫째는 시간을 벌 수 있다. 둘째는 상대로부터 더 많은 양보를 얻어낼 수 있다. 상대에게 '내가 윗사람을 설득하기 위해선 당신이 조금 더 양보해줘야 한다'는 메시지를 줄 수 있다는 얘기다. 셋째는 상대와 관계가 단절되는 걸 막을 수 있다. 이는 좀 어려운 듯, 쉬운 얘기다. 예컨대 앞으로 계속 만나야 하는 사이인데, 내가 계속 '안돼! 안돼!' 이러면 상대가 나에 대해 나쁜 감정이 생기기 쉽다. 이때 "나는 정말 해주고 싶은데, 내가 힘이 없어서 어쩔 수 없다"고 말하면 관계가 파국으로 치닫는 걸 막을 수 있다.

실생활에서도 우리는 알게 모르게 이 기법을 많이 쓴다. 예컨대 집을 팔 때 이렇게 말하는 경우가 있다.

"나는 정말 1,000만 원 깎아드리고 싶은데, 우리 집사람이 그렇게는 안 된다고 고집을 피우네요. 이 집에 대한 애착이 커서 그런가 봅니다. 500만 원만 빼드리면 안 될까요? 그 정도면 어찌어찌 설득이 될 것도 같은데…."

이것이 전형적인 권한위임 기법이다. (물론, 권한위임이 아니라 남편이 진짜 힘이 없어서 그럴 때도 많다. 슬프게도.)

플린칭과 권한위임, 이 두 기법을 쓸 때는 주의할 점이 있다. 너무 자주 쓰면 안 된다는 거다. 상상해보자. 협상 상대가 내가 무슨 말을 할 때마다 과한 리액션을 한다. 무슨 제안만 하면 무조건 나는 권한이 없다고 둘러댄다. 누가 이런 상대와 협상 테이블에 마주 앉고 싶겠는

가. 이런 상황이 반복될수록 상대에 대한 신뢰는 허물어진다.

20강에 이어 여기서도 협상 때 쓰는 몇 가지 잔기술에 대해 설명했다. 둘 사이엔 약간의 차이가 있다. 지난 20강에 등장한 잔기술들이 좀 더 공격적이고 사악한 기법이라면, 21강에서 소개한 두 가지는 방어에 주력하는 기술이다. 따라서 가끔은 써도 괜찮다.

하지만 이것만은 꼭 기억하자. 이런 자잘한 협상 기법에 너무 집착하거나 의존하면 안 된다. 이는 말 그대로 잔기술들일 뿐이다.

그럼에도 이 기법들을 소개하는 이유는 '몰라서 못 하는 것과 알면서도 안 하는 것'은 완전히 다르기 때문이다. 프로들이 쓰는 이런 기법 중 몇 가지는 꼭 알고 있어야 한다. 그래야 실전에서 당하지 않는다. 지금 이 책을 읽고 있는 당신이 이 기법들을 쓰고 안 쓰고는 나중 문제다. 정말 터프한 상대를 만났을 때, 어쩌면 이 기술들이 때로는 당신을 지켜줄 것이다.

22강

'을'의 협상법

'을'로서 살아가는 당신을 위한 세 가지 제언

나는 지난 10여 년 동안 이틀짜리 협상 강의를 700회 정도 진행했다. 협상 워크숍을 진행하다 보면 항상 듣는 하소연이 이거다.

"을로서 협상하는 게 너무 힘들어요. 방법이 없을까요?"

어떤 사람들은 다짐한다. '다음 생에선 꼭 갑으로 태어나겠다'고.

이런 '을'들에게 위로가 될 얘기인지는 모르겠지만, 중요한 질문 하나 해보자.

"평생을 갑으로 산 사람과 을로 산 사람, 일반적으로 둘 중 누가 더 협상을 잘할까요?"

당연히 을이다. 을은 생존하기 위해 항상 고민한다. 그래서 갑의 니즈, 즉 욕구를 파악하기 위해 관점을 전환하는 게 몸에 배어 있다. 어떤 면에서는, 을로 사는 게 길게 봤을 때 훨씬 더 사회적 경쟁력을 가질 수 있다.

지금부터 을로서 협상을 잘할 수 있는 세 가지 방법을 소개한다.

첫 번째는 지식이다.

올 초, 나는 겨울 양복을 사기 위해 백화점에 갔다. 나는 양복을 살 때 특이하게도 브랜드보다 재질을 본다. 젠트라 또는 폴리우레탄이라는 옷감이 3퍼센트 이상 들어가야 옷을 산다. 이들 재질은 입었을 때 신축성이 좋고 가볍다는 특징이 있다.

백화점 남성복 층으로 가 첫 번째 양복 가게로 들어선 나는 점원에게 물었다.

"혹시 젠트라 5퍼센트 들어간 양복 있습니까?"

그랬더니 점원이 눈을 동그랗게 뜨고 말도 조금 더듬

는다.

"네? 젠…, 뭐라고요? 젠틀맨?"

양복 파는 사람이 손님인 나보다 옷의 재질에 대해 더 모른다. 당신이 나라면 어떻겠는가? 더는 얘기하기 싫다.

갑을 간 협상에서도 마찬가지다. 을이 갑보다 자기가 파는 상품에 대한 지식이 더 없다면? 이런 을과는 말을 섞기도 싫고, 을에 대한 존중감도 사라진다. 그래서 협상학에선 말한다. "을이 자존감을 지키면서 협상을 하기 위해 가장 중요한 요소는 바로 '지식'"이라고.

을은 갑보다 훨씬 더 많은 지식으로 무장해야 한다. 그래야 갑의 마음을 움직일 만한 솔루션을 줄 수 있고 존중받을 수 있다. 그래서 내가 봤을 때, 영업 중에 가장 어려운 영업이 제약영업이다. '비전문가'인 제약회사 세일즈맨이 '전문가'인 의사를 상대해야 하기 때문이다. 그래서 요즘 글로벌 제약회사들은 약대 출신 세일즈 조직을 만들려고 애쓰고 있다. 협상학적으로는 충분히 일리 있는 전략이다.

두 번째는 관계다.

을은 협상학에서 말하는 '황금의 다리'를 만들어야 한다. 황금으로 만든 다리란 뭘 의미할까? 협상 상대가 언제든 돌아올 수 있는 다리를 뜻한다.

협상을 하다 보면 의견이 대립할 때가 자주 있다. 때로는 이견을 좁히지 못해 협상 결렬을 선언하기도 한다. 이럴 때 유능한 을은 갑이 언제든 돌아올 수 있도록 다리를 만들어준다. 그것도 갑이 자존심을 지키면서 돌아올 수 있도록 말이다. 반면 무능한 을은 그나마 있는 다리조차 활활 불태워 없애버린다. 당시에는 속이 후련할지 몰라도, 두고두고 후회하게 된다.

황금의 다리를 만들기 위해선 우선 갑이 돌아올 수 있는 명분을 만들어줘야 한다. 한마디로 체면을 세워줘야 한다는 얘기다. 예를 들어 당신이 영업담당인 을인데, 가격이 맞지 않아 갑이 떠났다고 가정해보자. 만약 회사 정책상 도저히 가격을 낮출 수 없다면, '배송을 우리가 무료로 해주겠다'거나 'A/S 기간을 늘려주겠다'는 식의 수정 제안을 할 수 있다. 그래야 갑 입장에서는 자신도 전리품을 얻었다고 생각하고 돌아올 수 있는 명분이 생기게 된다. 물론, 당연한 얘기지만 이때 갑에게 주는 전리품은 을인 당신 입장에서 큰 노력이나 비용이 들지 않는 것이어야 한다.

황금의 다리를 만드는 두 번째 핵심은 이슈와 인간관계를 분리하는 것이다. 이는 지난 19강에서 자세히 다룬 내용이다. 협상 이슈에 대해선 냉정해도 되지만, 협상 상대에 대해선 부드러워야 한다. 조건이 맞지 않아 떠난 상대는 조건만 맞으면 언제든 부메랑처럼 돌아온다. 하지만 인간관계가 틀어져 떠난 갑은 영영 돌아올 수 없는 강을 건넌 거라고 봐야 한다. 특히 수평적 관계가 아닌 갑을 관계에서는 더욱 그렇다.

세 번째는 압박이다.

구체적으로 말해 익스플로딩 오퍼^{exploding offer}를 활용하는 방법이 있다. 익스플로딩 오퍼의 사전적 의미는 '상대에게 짧은 기간을 주고, 상대가 그 제안을 받아들이지 않으면 기존에 했던 제안을 철회하는 것'이다. 일반적으로 채용에서 자주 활용된다.

쉽게 말해 이런 것이다. 마음에 드는 경력자에게 우리

회사에 입사하라는 제안을 했다. 그런데 이 친구가 이렇게 말한다.

"정말 죄송하지만… 제가 아직 마음의 결정을 못 해서 그러는데, 다음 달 10일까지 결정하면 안 되겠습니까?"

이때 익스플로딩 오퍼를 활용하면 이렇게 말할 수 있다.

"다음 주부터 출근하셔야만 저희 회사에 채용됩니다. 그렇지 않으면 입사 제안은 철회됩니다."

이게 바로 일반적인 익스플로딩 오퍼 전략이다.

그런데 협상학에서 활용하는 익스플로딩 오퍼 전략은 일반적인 방법과 약간 다르다. 예컨대 갑에게 세 가지를 주겠다고 제안하고, 만약 특정 시점까지 그 제안을 받아들이지 않으면 그중 한 가지는 '어쩔 수 없이' 줄 수 없다고 얘기하는 방법이다.

예를 들어보자. 당신이 영업담당이라고 가정하자. 당신은 갑에게 다음과 같은 세 가지 카드를 던진다.

"저희가 꼭 납품하고 싶습니다. 저희랑 하시면 가격은 10퍼센트 할인해드리고, 배송도 저희가 무료로 해드리겠습니다. 또 A/S 기간도 1년 연장해드리겠습니다."

그리고 이렇게 덧붙인다.

"그런데 정말 죄송한 말씀 한 가지만 드리면, 이번 주까지 결정해주셔야만 세 가지 모두를 해드릴 수 있다는 것입니다. 왜냐면 다다음 주부터는 저희 배송차량의 일정이 모두 꽉 차 있어 무료 배송은 다음 주까지만 가능하기 때문입니다. 물론 다음 주 이후에 결정해주셔도 나머지 두 가지, 즉 가격할인과 A/S 기간 연장은 해드리겠습니다."

이때 중요한 포인트는 한 가지 혜택을 철회할 수밖에 없는 '어쩔 수 없는' 이유를 상대에게 제시해야 한다는 점이다. 없다면 만들어야 한다. 그래서 상대를 납득시켜야 한다. 익스플로딩 오퍼는 갑에게 기한에 대한 압박을 주면서도 기한이 경과한 뒤에도 계속 협력할 수 있는 여지를 남기는 장점이 있다.

내가 협상 강의를 할 때 을의 위치에서 협상하는 분들에게 꼭 하는 질문이 있다.

"여러분, 갑이 나(을)와 협상하기 위해 협상 테이블 맞은편에 앉아 있습니다. 이것은 무엇을 의미합니까?"

생각해보자. 갑이 을과 같이 협상 테이블에 앉아 있다

는 것은 무엇을 뜻하는가? 이는 '갑도 무언가 원하는 게 있다' 는 얘기다. 그렇지 않다면 그 바쁜 갑이 무엇하러 굳이 시간을 내서 을인 나를 만나고 있겠는가? 을인 당신이 갑에게 줄 수 있는 가치는, 다시 말해 을인 당신의 협상력은 당신이 생각하는 것 이상으로 클 수 있다. 을인 나의 협상력을 너무 과소평가하지 말자. 을로서 우리 회사가, 내가 생존해 있다는 것 자체가 이미 을인 당신이 갑에게 어떤 가치를 주고 있다는 얘기다.

내 제안을
돋보이게 설계하려면?

상한 사과들 사이 멀쩡한 사과가 더 탐나는 이유

이럴 때가 있다. 똑같은 넥타이를 매고 갔는데, 사람들이 어떤 날은 "넥타이 참 멋있네요"라고 하고, 어떤 날은 "넥타이가 좀 촌스러운데요"라고 평가한다. 이유가 뭘까? 똑같은 넥타이라도 어떤 셔츠 또는 어떤 양복을 입었느냐에 따라 다르게 느껴지기 때문이다.

협상도 마찬가지다. 똑같은 제안을 했는데 어떤 때는 통하고, 어떤 때는 통하지 않는다. 이유가 뭘까? 통하지 않을 때는, 당신의 제안을 멋지게 보이도록 맥락context 또는 주변 환경을 만드는 데 실패했기 때문이다. 다시 말해, 넥타이는 괜찮은데 셔츠를 잘못 맞춰 입었다는 얘기다.

그렇다면 어떻게 해야 상대가 내 제안을 더 멋있게 느끼도록 만들 수 있을까? 협상학에서 말하는 세 가지 방법을 소개한다.

첫 번째는 '유인 전략 decoy effect'을 활용하는 것이다.

방법은 간단하다. 내가 밀고 싶은 제안보다 '조금 나쁜' 제안을 함께 내놓아 내가 미는 안을 돋보이게 하는 방법이다. 예를 들어보자. 나는 사과와 배를 파는 상인이다. 지금은 배보다는 사과를 더 팔고 싶다. 이때 사과를 돋보이게 하는 방법은 간단하다. 사과 옆에 품질이 떨어지는 배를 비슷한 가격에 함께 진열하면 된다. 그러면 내가 팔려 하는 사과가 훨씬 더 매력적으로 보이게 된다.

MIT 경제학자 댄 애리얼리는 이런 실험을 했다. '조식이 포함된 파리 여행'과 '조식이 포함된 로마 여행' 중 어떤 것을 선택하겠느냐고 실험자들에게 물었다. 많은 사람이 파리를 선택했다. 그는 제안을 바꿨다. 그 두 가지 외에 '조식이 포함되지 않은 로마 여행'이라는 새로

운 옵션을 하나 덧붙였다. 결과는 어땠을까? 많은 사람
이 '조식이 포함된 로마 여행'을 택했다. 조식 불포함 로
마 여행이라는 유인책 때문에 상대적으로 조식 포함 로
마 여행이 좋아 보인 셈이다.

실제 협상에선 이렇게 활용할 수 있다. 당신은 기계설
비를 파는 영업담당이다. 상대에게 5대를 파는 게 목표
다. 당신은 이렇게 제안했다.

"1대를 사면 대당 5,000만 원이고, 5대를 사면 대당
4,500만 원입니다."

이는 세련되지 못한 방법이다. '5대를 사면 대당
4,500만 원'을 더 돋보이게 해야 한다. 그러기 위해선 세
번째 안을 덧붙이면 된다.

"그리고 5대를 대당 4,500만 원에 사면서 이달 안에
선금을 5퍼센트만 내면 A/S 기간을 2년간 보장해드리겠
습니다."

이렇게 하면 세 번째 안이 두 번째 안과 대조가 되면
서 훨씬 더 매력적으로 보이게 된다.

행동경제학자들은 주장한다. 인간은 그렇게 치밀하거
나 이성적인 존재가 아니라고. 내가 미는 안이 있고, 그

것과 아주 비슷하지만 약간 더 나쁜 꾸러미(유인책)가 있으면 상대는 내가 미는 안을 훨씬 더 멋지게 느낀다.

두 번째 방법은 제한 전략이다.

홈쇼핑에서 자주 볼 수 있는데, "이번 기회를 놓치면 이런 조건은 다시 없다"고 얘기하며 상대의 마음을 흔드는 전략이다. 여기엔 두 가지가 있다. 시간제한과 물량제한이다. 시간제한은 '이번 주까지', '한 달 동안만' 처럼 기간에 제한을 두고 상대에게 선택을 유도한다. 물량제한은 '100세트 한정' 처럼 개수를 제한하는 방식이다. 예를 들어 홈쇼핑에서 '매진 임박'이라고 자막을 넣는 게 대표적인 물량제한 전략이다.

여기서 질문! 그렇다면 시간제한과 물량제한 중 실전 협상에서 강력한 힘을 발휘하는 건 어느 쪽일까? 답은 물량제한이다. 시간제한은 본인의 선택으로 통제할 수 있다.

예를 들어 내가 이렇게 말했다고 하자.

"3일 안에 결정해주셔야 이 가격으로 납품할 수 있습니다."

그러면 상대는 앞으로 3일은 더 고민할 시간이 있다고, 즉 통제권이 자신에게 있다고 생각한다. 반면 물량 제한은 다른 사람들이 어떻게 하느냐에 따라 나의 통제권이 사라질 수도 있다. 예를 들어 내가 이렇게 말했다고 하자.

"1,000개 준비한 물량이 다 팔릴 때까지만 이 가격에 드릴 수 있습니다."

그러면 상대는 묘한 경쟁심과 함께 자신이 통제권을 100퍼센트 갖고 있지 못하다는 사실을 알게 된다.

당연한 얘기지만, 내가 을의 입장에 있을 때는 이 전략을 신중하게 써야 한다. 갑 입장에서 을이 의도적으로 자기를 압박한다고 느낀다면, 협상 자체가 깨질 수 있기 때문이다. 외부적 요인 때문에 어쩔 수 없이 제한 조건이 생겼다는 사실을 부드러우면서도, 상대가 납득할 수 있게 설명해야 한다.

세 번째는 손실회피 심리를 이용하는 방법이다.

사람에게는 뭔가 얻고 싶은 욕구가 있다. 동시에 내 것을 뺏기기 싫은 욕구가 있다. 둘 중에 뭐가 더 강할까?

심리학자들은 말한다. "뺏기기 싫은 욕구가 훨씬, 훨씬 더 강하다"고. 비록 내가 얻은 게 '실제로' 내 것이 아니더라도, 내 것이라고 착각만 하게 해줘도 뺏기기 싫다는 욕구가 강해진다.

이를 증명한 실험이 있다. 지나가는 사람에게 2만 원을 선물로 준다. 그리고 실험 참가자에게 말한다.

"지금 받은 2만 원을 걸고 확률 50퍼센트의 내기 한번 하시죠? 게임에서 이기면 3만 원을 더 드리겠습니다."

이때 대부분의 사람은 '공짜'로 생긴 2만 원에 만족하며 게임에 참여하지 않는다.

그럼 이렇게 해보면 어떨까? 이번엔 2만 원이 아니라 5만 원을 준다. 공짜로 생긴 5만 원에 실험 참가자들이 행복해하는 찰나, 5만 원 중에 3만 원은 다시 돌려달라고 한다. 그리고 이렇게 말한다.

"당신이 방금 제게 돌려준 3만 원을 되찾으려면 2만 원을 걸고 확률 50퍼센트의 게임을 해야만 합니다. 하시겠습니까?"

이때 대부분의 사람이 게임에 참여한다. '잠시' 자기 손에 들어왔다가 빼앗긴 3만 원에 대한 아쉬움 때문이다. 이처럼 인간은 이익보다 오히려 손해에 예민하게 반응하는 존재다.

지난 22강에서 말한 익스플로딩 오퍼를 기억하는가? 이것이 바로 손실회피 심리를 이용한 전형적인 제안 방법이다.

"이번 주까지 계약하면 세 가지를 다 드리겠습니다. 하지만 이번 주를 넘기면, 셋 중에 두 가지는 드리지만 나머지 하나는 드릴 수 없습니다."

이런 제안을 받을 때 상대는 자신이 이미 갖고 있는 세 가지 중 한 가지를 뺏긴 듯한, 즉 손해를 본 듯한 느낌이 든다. 뭔가를 뺏기는 게 싫은 상대는 그래서 내 제안을 받아들일 확률이 높아진다.

협상학에서는 다음과 같은 명언이 있다.

"In business, you do not get what you deserve. You get what you negotiate."

체스터 카라스라는 협상가가 한 말인데, 우리말로 옮기면 이렇다.

"비즈니스에선, 당신이 얼마를 받을 만한 가치가 있

다고 해서 얻는 게 아니다. 당신이 협상하는 만큼만 얻어낸다."

나는 이 말을 이렇게 바꾸고 싶다.

"당신의 제안이 좋다고 해서 상대가 무조건 받아들이는 게 아니다. 당신의 제안을 얼마나 돋보이게 설계하느냐에 따라 받아들여지는 게 결정난다."

협상 테이블에서 상대가 내 제안을 받아들이지 않았다고 실망하거나 분노하지 말자. 유능한 협상가는 그 대신 자신의 제안을 돋보이게 하는 데 더 많은 에너지를 쓴다.

협상에 관한
세 가지 질문과 답

협상 테이블에서 변치 않는 진리

워크숍을 하다 보면 다양한 질문을 받게 된다. 이번 글에선 그중에 가장 많이 받아왔고, 또 내가 좋아하는 질문 세 가지를 소개하고 거기에 대한 답을 하려 한다.

첫 번째 질문. 협상 테이블 맞은편에 협상 고수가 앉아 있는 게 좋을까, 협상 하수가 앉아 있는 게 좋을까?

협상 워크숍이 끝날 때쯤이면 청강자들의 반응은 극과 극으로 나뉜다. 어떤 수강생은 찾아와서 "이 강의, 우리 고객사에서도 했습니까?"라고 묻는다. 그러고는 덧붙인다.

"절대 고객사에서는 하면 안 됩니다. 그쪽에도 하면 그건 비윤리적인 겁니다."

한편 어떤 사람들은 자기 클라이언트의 연락처를 적어주며 이렇게 부탁한다.

"내가 교육비 낼 테니, 이 회사 가서 꼭 좀 교육해주십시오."

두 가지 반응 중에 뭐가 맞을까? 내 생각에는 후자가 맞다. 협상학에선 말한다. "협상이란 댄스와 비슷하다"고. 춤을 계속 추는데 상대가 춤의 기본도 모르는 초보자라 해보자. 그러면 어떻게 되겠는가? 대부분이 한 번 춤을 춰보고 파트너를 바꾸거나 아니면 서로 발을 밟아가며 어색한 춤을 추게 될 것이다. 반대로 상대도 댄스의 고수고, 나도 댄스의 고수라 가정하자. 어떤 일이 생길까? 그때부터 댄스는 예술, 즉 아트가 된다.

협상도 마찬가지다. 협상에 대해 양측이 모두 전문가라면 서로 주고받을 수 있는 게 많아진다. 창의적 대안을 더 잘 만들어낼 수 있다는 얘기다. 북한과의 협상이 대표적인 예다. 나는 앞에서 북한이 협상을 못한다고 평가했다. 북한이 하는 협상은 이기는 협상일 뿐 성공하는 협상은 아니다. 이런 상대하고는 협상의 가치, 즉 파이를 함께 키우기가 쉽지 않다.

두 번째 질문. 협상에서 제일 중요한 키워드는 뭘까?

내가 꼽는 답은 '신뢰'다. 세상에는 세 가지 협상이 있다. 첫 번째는 강성 협상, 즉 나에게 힘이 있다고 상대를 윽박지르는 협상법이다. 철저히 '갑 행세'를 하면서 관계를 담보로 상대에게 이익을 포기하라고 강요하는 방법이다. 두 번째는 연성 협상이다. 내가 힘이 없을 때 상대에게 굽실거리는 협상법이다. 관계를 좋게 하려고 이익을 무조건 양보하는 비굴한 협상이다. 그리고 세 번째가 바로 원칙 협상이다. 나에게 힘이 있건 없건, 내 나름의 규칙과 원칙을 지키며 하는 협상이다. 예를 들어 숫자를 얘기하기 전에 기준부터 합의하고, 이슈와 인간관계를 분리하고, 상대의 요구보다는 욕구를 파악하는 데 주력하는 협상이다. 이들 중 최고의 협상은 당연히 '원칙 협상'이다. 그렇다면 왜 원칙 협상이 중요할까? 그 이유는 바로 '신뢰'다.

상대에 대한 신뢰는 언제 생길까? 상대가 약속을 지킬 때? 나를 배려해준 때? 아니다. 바로 상대가 일관성 있는 모습을 보여줄 때, 즉 상대에 대해 예측 가능할 때 신뢰가 생긴다. 그래서 원칙을 지키는 협상이 중요하다. 자기네 제품이 잘나갈 때는 큰소리를 쳐대고, 잘 안될 때는 내 비위를 맞추며 굽실거리는 상대에겐 절대 신뢰가 생기지 않는다.

세계적 협상 전문가인 와튼스쿨의 다이아몬드 교수, 협상심리학의 대가인 하버드대의 샤피로 교수만이 아니라 나를 비롯한 모든 협상 전문가는 말한다. "협상에서 가장 중요한 자산은 바로 신뢰"라고. 서로 간에 신뢰가 있으면 정보를 공유할 수 있다. 정보 공유가 이뤄지면 상대의 니즈, 즉 욕구를 파악하게 된다. 그리고 서로의 니즈를 파악해야만 창의적 대안을 만들 수 있다. 이런 선순환의 출발점이 바로 신뢰다.

세 번째 질문. 내가 원하는 것을 얻을 수 있는 가장 쉬운 방법은 뭘까?

답은 단순하다. 상대가 원하는 걸 '주는 것'이다. 비록 상대가 지금 당장 원하는 게 아니더라도 뭐든지 상대에게 주는 게 내가 원하는 것을 얻을 수 있는 가장 쉬운 방법이다.

내 얘기 하나를 하려 한다. 나는 해병대 출신이다. 그런데 이렇게만 얘기하면 큰 오해가 생긴다. 해병대가 맞긴 맞는데 정확히 얘기하면 해병방위 출신이다. 근데 불행하게도, 나는 그 유명한 마지막 해병방위였다(영화 제목 같지 않은가? 마지막 해병방위!). 그러다 보니 제대, 아니 소집해제하는 그날까지 군대에서 단 한 번도 거수경례를 받아본 적이 없다. 그래서인지 나는 거수경례에 대한 동경, 즉 판타지가 있었다.

제대하고 세월이 한참 지난 어느 날, 친한 선배 집을 방문했다. 용산에 있는 고급 아파트였다. 그런데 정문으로 차를 몰고 들어가는 나에게 경비아저씨께서 거수경례를 해주시는 게 아닌가. 나는 감동했다. 그에 비해 내가 사는 아파트는 거수경례 이런 거 없다. 누가 오든 말든 크게 신경 쓰지도 않는다. 나는 우리 아파트에서도 거수경례를 받고 싶었다. 그 간절한 바람은 석 달 뒤쯤부터 이뤄졌다. 어떻게 가능했을까? (당신이 상상하는 답이 맞다.)

아파트 정문을 통과할 때마다 내가 먼저 거수경례를 했다. 석 달간이나 계속해서 했다. 그러다 보니 기적이 일어났다. 처음엔 '쟤는 뭐냐?'라는 눈빛으로 나를 이상하게 쳐다보시던 경비아저씨들께서 언젠가부터 내 차만 지나가면 환하게 웃으며 거수경례를 해주셨다. (그분들은 이렇게 생각했는지도 모른다. '야, 저기 우리 보면 자꾸 거수경례 하는 이상한 애 지나간다. 우리도 그냥 해주자.')

제발, '나는 협상에서 상대에게 줄 게 없다' 같은 얘기는 하지 말자. 당신이 을이라면 갑에게 시장정보나 상품지식, 하다못해 따뜻한 관심이라도 챙겨줄 수 있다. 정량적인 것이든 정성적인 것이든, 뭐든지 상대에게 줘야한다. 그래야 내가 원하는 것을 얻을 수 있다. 경영도 마찬가지 아닌가? 고객에게 가치를 주는 회사만이 고객으로부터 뭔가를 얻어낸다. 충성도, 매출, 시장 점유율 등등 말이다.

나는 그동안 강의와 책을 통해 항상 주장해왔다.

"성공한 협상가가 되자! 성공한 협상가란 눈앞의 작은 승리는 포기하더라도, 미래의 더 큰 가치를 키우는 협상을 하는 사람이다. 그러기 위해선 내가 먼저 상대에게 뭔가를 줘야 한다."

이것은 협상 테이블뿐 아니라 세상살이에서도 변치 않는 진리다.

까다로운 상대와 협상을 잘하려면?

개성공단 문제가 해결의 실마리를 찾아가고 있다. 박근혜 정부 출범 이후 처음으로 남북 간의 원칙적인 합의가 이뤄졌다. 우리 정부가 북한과의 협상을 피할 수 없듯이, 우리는 까다로운 상대와의 협상을 피할 수 없다. 까다로운 상대를 만났을 때 당신은 협상할 것인가, 협박할 것인가?

이슈는 강하게, 사람은 부드럽게

협박이 아니라 협상을 하기로 마음먹었다면 가장 먼저 지켜야 하는 원칙이 '사람과 문제를 분리하는 일'이다. 다시 말해 협상 이슈에 대해선 단호한 태도를 취하되, 협상 상대에 대해선 최대한 부드럽게 대하란 뜻이다. 협상을 못하는 사람일수록 문제가 아닌 사람을 비난하는 경우가 많다.

예를 들어보자. 상대가 납품 단가를 15퍼센트나 깎아 달라고 한다.

이때 협상 하수는 이렇게 말한다.

"아니, 원래 이렇게 비합리적입니까? 합리적인 분인 줄 알았는데, 실망입니다."

반면 협상 고수는 이렇게 말한다.

"그 제안은 제 입장에선 받아들이기 힘든 무리한 요구 라고 느껴집니다."

둘의 차이는 뭔가? 첫 번째 말에는 '상대에 대한 비난 (비합리적)'이 들어가 있다. 두 번째 말에는 '이슈에 대한 비판(무리한 요구)'이 담겨 있다.

남북 갈등이 최고조에 달할 때마다 북한이 즐겨 쓰는 표현이 있다.

"(상대가) 악랄하게 헐뜯었다."

"(상대가) 얼마나 철면피한가를 보여주고 있다."

문제가 아닌 사람(박근혜 대통령)에 대한 공격이다. 이 런 표현이 늘수록 협상의 질은 낮아진다. 일부 보수단체 에서 행하는 '김정은 화형식'도 마찬가지다. 생산적인 남북 협상에 전혀 도움이 되지 않는다. 부부싸움도 그렇다. 화해할 확률이 높은 부부는 이슈를 놓고 싸운다. "왜 늦게 들어오느냐"고. 갈라설 확률이 높은 부부는 사람을 놓고 싸운다. "당신은 왜 항상 그런 식이냐"고.

히든 메이커를 활용하라

미국 프로풋볼리그NFL 관계자들은 고민에 빠졌다. 정규 시즌 후 열리는 올스타전(슈퍼볼)에 슈퍼스타들이 '출전하지 않겠다'는 의사를 밝혔기 때문이다. 시즌이 끝나 피로가 누적된 상태에서 성적과 관계없는 게임에 나서기 싫다는 게 선수들의 얘기다. 상금과 출전비를 올려봤지만 선수들은 꿈쩍하지 않았다. 수백억의 연봉을 받는 슈퍼스타들에게 '하루 1억 원'은 감흥을 주지 못했다. 당신이 협상가라면 어떤 방법으로 선수들을 올스타전에 참여시키겠는가?

주최 측은 경기 장소를 하와이로 옮겼다. 그리고 하와이행 가족 항공권과 일주일짜리 최고급 호텔 숙박권을 제공했다. 하와이에서 먹고, 놀고, 즐길 거리에 대한 정보도 동봉했다. 그러자 기적이 일어났다. 슈퍼스타들이 하나둘씩 출전 의사를 밝히기 시작했다. 이유는 뭘까?

가족 또는 애인이 나선 것이다. "이번 기회에 당신과 하와이에서 행복한 시간을 보내고 싶다"고.

이처럼 상대의 의사결정에 영향을 미칠 수 있는 제삼자를 협상학에선 '히든 메이커'라 한다. 까다로운 상대와 협상할 때 히든 메이커의 활용은 너무도 중요하다. 북한과의 협상에서 히든 메이커는? 당연히 중국이다. 박근혜 대통령의 중국 방문이 이뤄진 시점에 북한은 대화 의지를 내비치기 시작했다. 한·중 협력이 협상의 지렛대로 활용된 셈이다.

내가 사랑하는 여성이 나와 결혼하는 것을 주저한다. 누구를 공략해야 할까? 여성이 결혼을 결심하는 데 가장 큰 영향을 미치는 제삼자를 찾아야 한다. 누굴까? '엄마'다. 뛰어난 협상가는 예비 장모의 마음을 얻어낸다.

밥부터 먹어라

세계적 협상 전문가인 다이아몬드 교수에게 한국 기자가 물었다.

"남북이 협상을 잘하려면 어떻게 해야죠?"

그의 대답이 재밌다.

"점심을 같이 먹어야죠. 정치 이슈는 피하고 월드컵 얘기만 해야 합니다. 이렇게 스무 번쯤 만나며 서로 알게 된 뒤 협상을 시작해야죠."

'배부른 소리'가 아니다. 실제 사례도 있다. 1990년대 말 페루와 에콰도르는 국경분쟁을 겪고 있었다. 전쟁 직전의 위기 상황. 이때 두 나라의 대통령, 국방부 장관, 외교부 장관이 하나의 원칙을 가지고 만났다. 협상에 들어가기 전, 정치 얘기는 전혀 하지 않고 한 시간 동안 서로에 대해서만 말하기로 했다. 가족, 취미, 스포츠 등. 이런 모임을 가진 후 현안은 자연스럽게 해결됐고, 두 나라는 1998년 1월 평화협정을 맺었다.

북한과의 조건 없는 비정치적 교류가 중요한 이유가 이것이다. 협상학에선 말한다. "서로가 인간적으로 더 많이 알수록, 서로가 얻을 수 있는 것은 더 많아진다"고.

원 보이스가 중요하다

팀 협상에서 가장 힘들 때는 언제일까? 협상 경험이 적은 사람은 '상대가 비이성적으로 나올 때', '상대가 권한이 없을 때' 등의 답을 한다. 아니다. 진짜 힘들 때는 '옆에서 엉뚱한 소리를 할 때'다. 즉, 내 옆에 앉아 있는 우리 팀원이 '아군인지 적군인지' 구분이 안 되는 얘기를 던질 때다. 그래서 중요한 게 '원 보이스one voice', 즉 하나의 목소리다.

박근혜 정부 초기, 북한과의 대화 재개라는 이슈에 대해 청와대(대화하겠다), 통일부(회담 제의는 아니다), 총리실(대화 제의는 상황을 악화시킨다)은 각각 다른 목소리를 냈다. 우리의 협상력을 약화시키는 대목이다. 유능한 협상팀에는 하나의 목소리만 존재한다.

원칙 협상도 중요하다. 예를 들어 '핵을 포기해야 경제 지원을 하겠다' 또는 '민간교류는 정치와 관계없이 지속하겠다'와 같은, 정권이 바뀌어도 변치 않는 원칙이 필요하다. 그래야만 일관성을 가질 수 있고, 남북 간에도 신뢰가 쌓인다.

협박은 쉽다. 하지만 그 뒷맛은 쓰다. 협상은 어렵다. 하지만 그 과실은 달다.

＊〈조선일보〉 2013년 7월 11일 자에 실린 '최철규의 소통 리더십' 칼럼을 발췌, 요약하였다.

당신은 합목적적 협상가인가?

대학 시절의 일이다. 친구 녀석이 만면에 미소를 지으며 자랑을 늘어놓기 시작했다.

"오늘 영어학원에서 기분 최고였어. 지난주에 선생님이 자기소개를 영어로 하라는 3분 스피치 과제를 냈는데, 깜빡했지 뭐야. 다른 애들은 준비를 많이 했더라고. 난 그냥 즉석에서 자기소개를 했는데, 선생님이 내가 제일 잘했다고 칭찬했어. 와, 공부 하나도 안 하고 잘했다는 소리 들으니까 기분 엄청 좋더라."

"야, 부럽다. 대단해"라는 말을 뱉으려는 순간, 이런 생각이 들었다. '과연 이게 이 친구에게 좋은 일인가?' 영어학원을 다니는 목적은 뭔가? 영어 실력을 더 키우기 위해서 아닌가? 같은 반 다른 학생들은 1주일간 발표를 준비하면서 영어단어라도 하나 더 외웠을 것이다. 내 친구는? 일주일 전과 비교해 영어 실력이 하나도 늘지 않았다. 어찌 보면 학원비를 가장 낭비한 사람은 내 친구다. 다시 말해, 영어학원을 다니는 목적에서 가장 벗어난 행동을 한 셈이다. 비록 기분은 좋았을지 몰라도.

협상 컨설팅을 하다 보면, 대학 시절의 내 친구와 같은 협상가들을 자주 보게 된다. 자신의 감정 때문에 합목적적인 의사결정을 내리지 못하는 협상가들이다. 협상 테이블에서 합목적적인 의사결정을 막는 장애물은 크게 두 가지다.

하나는 '많이 얻어내야 한다'는 강박관념이다. 제1차 세계대전이 끝나고 연합국은 베르사유 조약을 통해 독일로부터 '최대한 많은' 전쟁 배상금(1,320억 마르크)을 얻어낸다. 그 결과는? 모두가 알다시피 히틀러의 출현과 제2차 세계대전의 시작이었다. 당시 독일 국민들은 자신들의 삶이 빈곤한 이유는 무리한 전쟁보상금 때문이라 생각했다. (실제로 과도한 전쟁보상금이 독일경제를 어렵게 만들었는가에 대해선 학자들 사이에서도 의견이 나뉜다.) 결국 살인적 인플레와 경제적 빈곤에 처한 독일 국민의 선택은 히틀러로 대표되는 나치였다. 쉽게 말해, 전쟁 배상금을 갚느라 굶어 죽느니 차리리 히틀리를 선택해 '싸워보고 죽자'는 대중심리가 확산된 것이다. 이처럼 협상 테이블에서의 과욕은 궁극적으로 더 큰 손해를 끼칠 때가 많다.

합목적적인 의사결정을 막는 두 번째 장애물은 협상가의 '자존심'이다. 해외진출을 추진하던 중소기업이 있었다. 미국과 중국에 각각 영업지사를 설립하고, 꽤 많은 고정비를 투자했다. 하지만 결과는 좋지 않았다. 날이 갈수록 적자 폭은 커져갔다. 회사의 참모들은 회의 때마다 해외사업 철수를 건의했다. CEO는 불같이 화를 냈다. "내 아이디어로, 내가 추진한 사업을 이렇게 쉽게 포기할 수 없다"며 오히려 해외진출에 더 많은 실탄을 쏟아부었다. 이런 현상을 심리학에선 몰입상승효과 Escalation of Commitment라 부른다. 의사결정을 한 후 시간이 지나면서 잘못된 선택이었다는 증거와 새로운 정보들이 나타나도 과거의 의사결정을 수정하지 않고 오히려 거기에 집착하여 투자를 늘리는 현상이다. 베트남전쟁에 대한 존슨 대통령의 결정이 대표적인 예다. 그는 미국의 베트남전 개입이 성과가 없을 것이라는 주위의 만류에도 불구하고, 점점 더 많은 군대와 자금을 쏟아부었다. 특히 권위적인 협상가일수록 자신의 자존심(내 결정은 틀리지 않았다)을 지키기 위해 터무니없는 의사결정을 할 때가 많다.

그래서 거칠게 말해, 뛰어난 협상가란 결국 '자아가 없는egoless 사람'이다. 협상이란 결국 내가 원하는 것을 얻어내는 의사소통의 과정이다. 내가 얻고자 하는 목적에만 집중하는 사람이 유능한 협상가다. 무능한 협상가는 협상 중에 생겨나는 자존심, 감정 등과 같은 비본질적인 이슈들 때문에 내가 원하는 것을 놓칠 때가 많다.

협상뿐 아니라 일상에서도 합목적성은 중요하다. 예를 들어보자. 결혼기념일을 맞은 당신, A라는 식당에서 저녁을 하려 한다. 그런데 부인이 B식당으로 가자고 한다. 식사 장소를 두고 옥신각신하다가, 결국 당신이 양보해 B식당으로 간다. 역시 당신의 판단은 옳았다. B식당 맛이 형편없다. 서비스도 최악이다. 이런 불쾌한 경험을 하는 동안 당신은 둘 중 하나의 행동을 선택할 수 있다. 첫째, 식당을 욕하면서 "(부인이) 내 말을 들었다면 이런 재앙을 피했을 것"이라며 부인의 실수를 지적한다.

둘째, 비록 결과는 나빴지만 모두 잊고 저녁을 즐긴다.

당신이라면 어떤 선택을 할 것인가? 세계적 경영코치인 마샬 골드스미스의 조사결과, 응답자의 75퍼센트가 첫 번째 반응(부인을 비난하는 것)을 선택했다고 한다. 결혼기념일에 부인과 식사하는 목적은 무엇인가? 행복한 시간을 보내기 위해서 아닌가?

협상 워크숍을 하다 보면 이런 질문을 하는 사람들이 가끔 있다. "나는 비즈니스 협상은 문제없습니다. 그런데 이상하게 집에서 와이프와의 협상은 잘 안 됩니다. 부인과 갈등 상황에서 협상을 잘할 수 있는 비법을 알려주세요."

이에 대한 나의 답은 이것이다.

"죄송한데, 방금 그 질문은 전제부터 잘못됐습니다. 부인은 협상의 대상이 아닙니다. 그냥 복종의 대상일 뿐입니다."

진심이다. 당신이 부인과 결혼한 목적은 뭔가? 부인과 협상에서 더 많은 것을 얻어내기 위해서? 아니다. 행복하기 위해서다. 그게 결혼의 목적이고 본질이다. 그목적에 충실하기 위해선 다시 한 번 강조하지만 자아(에고)를 죽여야 한다. (나는 적어도 항상 노력은 한다. 와이프 앞에서 에고를 죽이기 위해…) 그게 목적에 충실한 최고의 협상이다. 목적이 이끄는 삶을 사는 사람이 지혜로운 사람이다. 당신은 얼마나 지혜로운 협상가인가?

협상의 신

제1판 1쇄 발행 | 2015년 10월 26일
제1판 21쇄 발행 | 2024년 9월 5일

지은이 | 협상의 신
펴낸이 | 김수언
펴낸곳 | 한국경제신문 한경BP
책임편집 | 윤효진
저작권 | 박정현
홍보 | 서은실 · 이여진
마케팅 | 김규형 · 박도현
디자인 | 권석중

주소 | 서울특별시 중구 청파로 463
기획출판팀 | 02-3604-590, 584
영업마케팅팀 | 02-3604-595, 562   FAX | 02-3604-599
H | http://bp.hankyung.com   E | bp@hankyung.com
F | www.facebook.com/hankyungbp
등록 | 제 2-315(1967. 5. 15)

ISBN 978-89-475-4046-9   03320